장콩 선생님과 함께 묻고 답하는

한국사 카페 1

장콩 선생님과 함께 묻고 답하는

한국사 카페 1

1판 1쇄 발행일 2008년 4월 14일
2판 1쇄 발행일 2017년 10월 2일 2판 4쇄 발행일 2023년 9월 8일
글 장용준 그림 서은경 펴낸곳 (주)도서출판 북멘토 펴낸이 김태완
편집주간 이은아 편집 김경란, 변은숙, 조정우 디자인 안상준 마케팅 강보람, 민지원, 염승연
편집감수 김종엽 사진진행 북앤포토 조혜민
출판등록 제6-800호(2006. 6. 13.)
주소 03990 서울시 마포구 월드컵북로 6길 69(연남동 567-11) IK빌딩 3층
전화 02-332-4885 팩스 02-6021-4885

🖥 bookmentorbooks.co.kr   ✉ bookmentorbooks@hanmail.net
📷 bookmentorbooks__   f bookmentorbooks

ISBN 978-89-6319-243-7 44910
     978-89-6319-242-0(세트)

이 도서의 국립중앙도서관 출판예정도서목록(CIP)은 서지정보유통지원시스템 홈페이지
(http://seoji.nl.go.kr)와 국가자료공동목록시스템(http://www.nl.go.kr/kolisnet)에서
이용하실 수 있습니다. (CIP제어번호: CIP2017024059)

장콩 선생님과 함께 묻고 답하는

한국사 카페 ①

선사 시대부터
남북국 시대까지

장용준 글·서은경 그림

북멘토

머리말

처음 원고를 쓰기 시작한 이후, 이 책이 완성되기까지 3년여의 긴 시간이 필요했습니다. 덕분에 더 오래 더 여러 번 원고를 매만질 수 있었습니다.

이해하기 힘든 책은 아예 읽지 않으려는 요즘의 중·고등학생들에게 역사 교과서보다는 읽기 쉬운 역사책을 선물해 주고 싶었습니다. 다행히도 이해하기 쉬우면서도 책장이 술술 잘 넘어가는 그런 책으로 세상에 내보내지는 것 같아 저으기 안심이됩니다.

지은이로서 이 책『묻고 답하는 한국사 카페』는 이런 학생들에게 권합니다.

1. 역사 교과서가 너무 재미없다면서 한국사 공부를 일찍 포기해 버린 중·고등학생. 이런 학생들이 우리 역사를 쉽게 접할 수 있도록 중학교에서 사용하는 6종의 역사 교과서를 면밀히 분석하여 어려운 단어나 한자어를 최대한 풀어쓰고, 사건의 배경 및 전개 과정을 촘촘하게 풀어헤치며 문답식 입말체 문장으로 책을 엮었습니다.

2. 한국사 전체의 흐름을 파악하고 싶은데 잘 안 되는 학생. 이런 학생들을 위하여 선사 시대부터 현대까지 한국사 전 영역을 시대별·주제별로 나누어 서술했습니다. 따라서 '내가 지금 읽는 부분이 어느 시대인가', '어떤 주제를 살피고 있는가'를 먼저 파악하며 책을 읽는다면 한국사의 전체 흐름을 쉽게 파악할 수 있을 겁니다.

3. 역사를 배우는 목적에 맞게 한국사를 심도 깊이 제대로 공부하고 싶은 학생. 흔히들 '과거의 사실을 현재적 관점에서 재해석하여 미래의 삶에 보탬이 되기 위하여' 역사를 공부한다고 합니다. 분명 맞는 이야기입니다. 하지만 우리의 현실은 그리 녹록지 않습니다. 학생들은 시험 점수를 얻기 위해 단편적 사실만을 외우면서 역사가 수학보다 어렵다고 말하고는 합니다. 이렇게 공부하는 역사는 당연히 어려울 수밖에 없지요. 또한 암기 위주의 공부는 역사와 원수가 되는 지름길일 뿐입니다. 이

책은 단순히 과거 사실을 서술하기보다는 그러한 사실이 나오게 된 배경과 원인, 과정, 결과 그리고 그것이 지향했던 바에 대하여 자세히 설명하고 있습니다. 따라서 참다운 역사 공부에 목말라 있는 학생들의 갈증을 어느 정도는 해결해 줄 수 있을 것입니다.

이 책은 현행 중학교 역사 교과서 체제에 맞추어 엮어졌습니다. 다만 3권의 말미에 '역사를 위한 변명'이란 주제로 역사 교사로서 학생들에게 들려주고 싶은 이야기와 함께 '역사를 보는 눈'을 담았습니다. 책을 만들면서 이 주제를 넣어야 할까 고민했지만, 살아 있는 역사 교육은 우리 사회가 바른 길로 나아가는 데 도움을 주어야 하기에 청소년 독자에게 역사 공부의 필요성과 어떤 삶을 살 것인가를 제안하기 위해 에필로그 형식으로 역사 공부가 필요한 이유를 미주알고주알 적어 놓았습니다. 이 책이 출간되기까지의 과정은 물론이려니와 장콩 개인사까지 두루두루 써져 있으니, 가벼운 마음으로 살피면서 역사 공부가 필요한 이유를 스스로 진단해 보시기 바랍니다.

아무쪼록 이 책을 읽은 독자 여러분이 우리 역사와 쉽게 친해지면서 동시에 역사와 의미 있는 대화를 나눴으면 좋겠습니다.

장기간 여러 번 손을 보며 이 책을 세상에 내보내기까지 고생해 주신 북멘토 출판사 관계자들께 감사 인사 올립니다. 또한 이 책을 학교 현장에서 아이들을 가르치는 역사 교사의 시각으로 감수해 주신 세 분 선생님께도 고마움 가득 전합니다. 인천의 중학교에서 역사와 친구하고 있는 홍선희 선생님! 전남 고흥의 학교에서 열심히 교재 연구를 하고 계신 김영옥·백형대 선생님! 참으로 감사합니다.

변혁의 기운을 실감하는 나날입니다.
혁신의 향기와 함께 역사의 진한 여운이 독자 여러분의 마음속에 가득 차기를 기원합니다.

장콩 선생 장용준

차례

3 남북국이 서다

1 우리 역사가 시작되다

언제부터 한반도에 사람이 살았을까?

☐ 지구별의 나이는 몇 살인가요? ☐ 인간은 언제부터 지구별에 살았나요?
☐ 인간은 어떻게 해서 지구의 지배자가 되었나요?
☐ 우리가 사는 한반도에는 언제부터 사람이 살았나요?

☐ 지구별의 나이는 몇 살인가요?

지구는 어떻게 생겼을까? 특히 우주에서 본 지구는? 밤하늘에 볼 수 있는 수많은 별들처럼 초롱초롱한 작은 별로 보일까?

당연하지. 그것도 많은 사람들이 좋아하는 파란색의 작은 별로 보여. 그래서 1961년 4월 12일, 인류 최초로 우주를 여행한 소련현재 러시아의 유리 가가린은 "우주에서 본 지구는 파랗다."고 여행 소감을 말했어.

그런데 환상적인 블루 사파이어처럼 보이는 지구별의 나이는 몇 살일까? 학자들에 의하면, 지구는 지금으로부터 약 46억 년 전에 태어났다고 해. 물론 지구가 처음부터 지금과 같은 모습을 갖춘 것은 아니었어. 지구의 갓난아이 때 모습은 불처럼 뜨겁고 말랑말랑한 용암 덩어리였어. 그랬던 지구가 어린아이 정도가 되면 토성의 위성인 타이탄•처럼 억세게 황량한 황무지로 변해. 그 후 기후 변화와 지각 변동을 겪으면서 물이 생기고 식물이 자라나 결국에는 인간까지 살게 된 거야.

타이탄 토성의 위성 중 제일 큰 별로, 태양계 안에서 지구와 가장 닮은 천체로 알려져 있다. 지구와 같이 질소가 대기의 주성분이고, 메탄가스가 일부 포함되어 있다.

토성 근처에서 본 지구 토성의 띠 일부와 밤하늘의 별처럼 작게 빛나는 지구의 모습.

□ 인간은 언제부터 지구별에 살았나요?

지구별에 인간이 등장한 것은 약 390만 년 전의 일이야. 최초의 인류라고 인정되는 종種이 '오스트랄로피테쿠스Australopithecus'인데, '남쪽 원숭이'라는 뜻이지. 학자들은 이 원숭이 인간이 약 390만 년 전에 아프리카 남부 지방에 살았던 것으로 추측하고 있어.

달에서 본 지구 신비한 푸른 구슬처럼 보인다.

무엇을 근거로 그렇게 말하느냐고? 그건 아프리카 남부 지방에서 출토된 오스트랄로피테쿠스 화석에서 두 발로 곧게 서서 걸어 다닌 흔적이 발견되었기 때문이야. 다만 그렇다고 하더라도 오스트랄로피테쿠스가 우리 인간의 직접적인 조상은 아니야. 이들은 지구 환경 변화에 적응하지 못했기 때문에 언제인지는 정확히 알 수 없지만, 어느 순간 쥐도 새도 모르게 사라져 버렸어.

뒤를 이어 약 180만 년 전에는 호모 에렉투스가 등장했어. '곧선사람'으로 번역되는 이 인종은 허리를 곧게 펴고 걸어 다녔으며, 불도 사용할 줄 알았어. 따라서 호모 에렉투스는 현재 우리 인간의 모습에 더 근접했어. 하지만 이들도 우리 인간의 직접적인 조상은 아니야. 그저 우리와 원숭이의 관계처럼 현생 인류와 계통이 유사한 종자였을 뿐이지.

루시 화석과 복원 모형 1974년 아프리카에서 발견된 오스트랄로피테쿠스의 뼈(왼쪽)와 이를 복원한 모형(오른쪽). 고고학자들은 이 화석에 '루시'라는 이름을 붙였다.

그렇다면 현재 우리 인간의 직접적인 조상은 누구였을까? 대다수의 고고학자들은 현생 인류의 직계 조상은 약 20만 년 전에 아프리카 지역에서 등장한, 언어를 쓸 줄 알았던 호모 사피엔스지혜가 있는 사람라고 믿고 있어. 이들이 꾸준히 종족을 번식시켜서 오늘날의 우리들까지 대를 잇고 있다고 판단하고 있지.

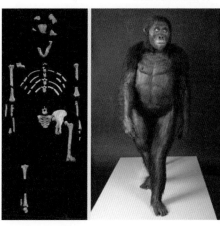

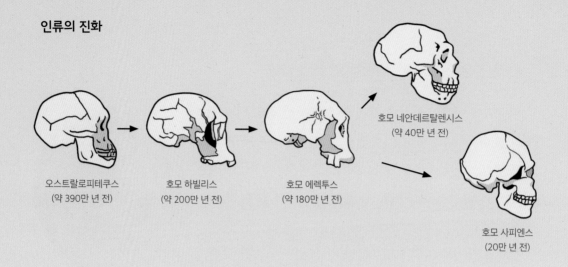

인류의 진화

오스트랄로피테쿠스
(약 390만 년 전)

호모 하빌리스
(약 200만 년 전)

호모 에렉투스
(약 180만 년 전)

호모 네안데르탈렌시스
(약 40만 년 전)

호모 사피엔스
(20만 년 전)

☐ 인간은 어떻게 해서 지구의 지배자가 되었나요?

인간이 처음부터 생태계의 우두머리로 군림하였을까? 정말 그럴까? 천만의 말씀이야. 초기의 인류는 현재의 우리처럼 강하지 못했어. 오히려 원숭이처럼 표범 같은 포식 동물들을 무서워하며 나무 위에서 힘겹게 살아야 했지.

그런데 어떻게 해서 인간은 지구 최고의 지배자로 우뚝 서게 되었을까? 여기에는 손의 자유로운 사용이 큰 역할을 담당했어.

인간은 급격히 변화하는 자연환경 속에서 살아남기 위해 나무 위에서 땅으로 내려와야 했어. 하지만 땅에는 인간을 먹잇감으로 생각하는 다양한 동물들이 살고 있었지. 인간이 종족을 보존하고 오래 살아남기 위해서는 무엇인가 획기적인 변화가 필요했어. 이때 인간은 네 개의 발 중에서 뒤쪽 두 발만 걷는 데 사용하고, 앞쪽 두 발은 자유롭게 도구를 만들 수 있는 손으로 변모시켜 갔어. 물론 당시의 인간이 현재 우리들처럼 사자나 호랑이보다 더 위에 있는 최상위 포식자가 되리라고는 미처 생각하지 못했을 거야. 그저 살아남기 위해 부지런히 손을 놀렸을 뿐이지.

그러나 손을 자유롭게 사용하게 되면서 인간은 도구를 만들고, 불을 다루고, 사냥을 하고 농사를 지을 수 있게 되었어. 그리고 이러한 변화들 속에서 인간은 지구의 지배자로 우뚝 설 수 있었지. '인간 만세, 만만세!'였어.

□ 우리가 사는 한반도에는 언제부터 사람이 살았나요?

한반도에는 언제부터 사람이 살기 시작했을까? 이 질문에 답하기 전에 먼저 한반도가 언제 생겼는지부터 알아보는 게 좋겠어.

아주 오래전에는 중국과 한국, 일본이 하나의 땅덩어리로 연결되어

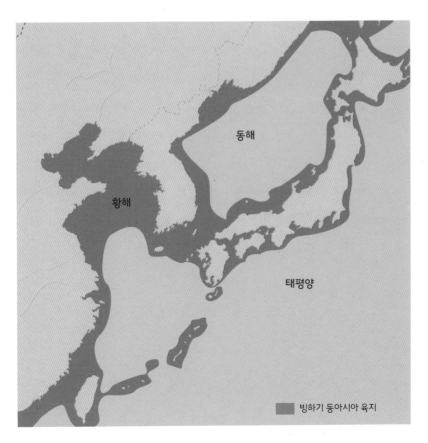

한반도가 생기기 전의 동아시아 약 1만 5천 년 전에는 제주도와 일본이 한반도와 붙어 있었으나, 1만 년 전부터 기온이 올라가면서 빙하가 녹아 섬으로 분리되었다.

있었지. 따라서 그때는 바다를 건너지 않고도 사람들이 중국에서 일본까지 왔다 갔다 할 수 있었어. 이때를 빙하기●라고 하는데, 얼음이 녹기 전이어서 바닷물이 지금보다 훨씬 적었지. 그래서 동해와 서해가 지금보다 100미터 정도 낮게 형성되었고, 제주도를 비롯한 남해안의 섬과 일본이 전부 육지였단다.

그렇다면 언제부터 제주도나 일본이 섬이 되었을까? 지질학자들은 그 시기를 약 1만 년 전이라고 생각하고 있어. 이 시기에 기온이 급상승하는 등의 기후 변화가 일어났어. 기온이 올라가면서 육지를 덮고 있던 얼음이 녹아 바닷물이 많아지면서 우리가 살고 있는 땅은 지금처럼 중국 대륙에서 떨어진 반도가 되었어. 일본은 당연히 섬이 되었고.

그럼, 한반도에는 언제부터 사람이 살기 시작했을까? 무지 궁금하지? 북한의 역사학자들과 우리나라의 일부 학자들은 이 질문에 약 70만 년 전부터라고 자신 있게 답하고 있어. 북한 학자들이 이렇게 주장하는 이유는 평양시 상원읍에 있는 검은모루 동굴에서 발견된 29종의 동물 화석과 뗀석기, 평안남도 덕천시 승리산 동굴에서 발견된 사람의 어금니 2개와 어깨뼈 한 점을 약 70만 년 전의 것이라고 추정했기 때문이야. 다만 인류 출현 시기는 아주 오래 전 일이라 학자에 따라 견해가 많이 달라서 딱히 70만 년 전이라고 단정 지을 수는 없어. 학자에 따라서는 한반도에 인류가 출현한 시기를 약 50~40만 년 전으로 추정하기도 하니까 말이야.

한반도에서 뗀석기를 사용한 사람들이 살았던 곳은 어디?

한반도의 구석기 유적은 북한 두만강 유역에서 제주도 빌레못 동굴까지 동해안, 남해안, 서해안, 산악 지대에 걸쳐 골고루 분포하고 있어. 이를 보면 한반도 전역이 구석기인의 삶의 터전이었음을 알 수 있지.

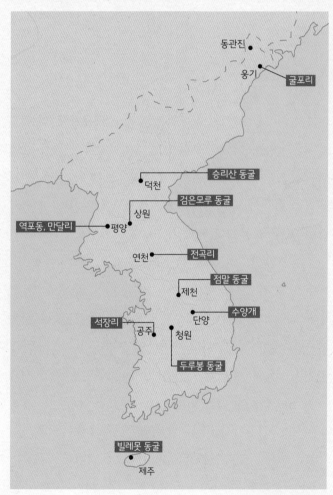

구석기 시대 유적지 분포

석기 시대 사람들은
어떻게 살았을까?

□ 구석기 시대는 언제 시작되었나요? □ 구석기 시대 사람들은 어떻게 살았나요?
□ 구석기 시대에도 종교 관념이 있었을까요? □ 신석기 시대 사람들은 어떻게 살았나요?
□ 석기 시대에는 지배·피지배 관계가 없었나요? □ 석기 시대 사람들도 종교 생활을 했나요?

□ 구석기 시대는 언제 시작되었나요?

뗀석기와 간석기 뗀석기는 돌을 깨뜨리거나 떼어 내 만든 도구이고, 간석기는 돌을 갈아 만든 도구이다.

석기 시대를 구석기 시대와 신석기 시대로 나눈다는 것, 다 알고 있는 사실이지? 구석기 시대는 '뗀석기●'라 하여 돌을 깨뜨려서 쓰임새에 맞게 사용했던 시기야. 구석기 시대보다 한 단계 발전한 신석기 시대는 큰 몸돌에서 떼어 낸 돌을 쓰임새에 맞게 갈아서 날카롭게 만든 '간석기●'를 사용했던 시대야.

그런데 한반도의 구석기 시대는 언제 시작되었을까? 앞서 이야기했듯이 70만 년 전에 시작되었다고 추정하고 있어. 한편, 신석기 시대의 시작은 지금으로부터 약 1만 년 전인 기원전 8000년경으로 잡고 있지.

그렇다면 여기서 한 가지 의문이 생기지 않니? 아무리 봐도 구석기 시대의 기간이 너무 길지? 약 1만 년 전부터 신석기 시대로 접어들었다면, 결국 우리가 사는 이 땅은 69만 년 동안 구석기 시대였다는 거잖아. 과연 그랬을까? 어떻게 생각해? 맞을 것 같다고?

그래 맞아. 구석기인들의 발전 속도는 대단히 느렸어. 그래서 69만여 년을 뗀석기 하나로 버텨 냈지. 물론 시기에 따라 뗀석기도 약간의 변화와 발전 과정을 거쳤어. 예를 들어 구석기 시대의 전기에는 한 개의 큰 석기를 가지고 사냥도 하고 땅도 파는 등 여러 용도로 썼

나는 만능 주먹도끼!!

찍개

땅파기, 낙서하기, 구멍내기

긁기

자르기

밀기, 펴기

주먹도끼

찌르개

슴베

슴베찌르개

어. 따라서 이 시기에 만들어진 찍개나 주먹도끼는 만능 도구였지.

그러나 구석기 시대 중기가 되면 큰 몸돌에서 떼어 낸 돌 조각들을 잔손질해 용도에 맞게 도구를 만들어 썼어. 다시 말해 한 개의 석기가 하나의 쓰임새로 사용된 거지. 밀개, 긁개, 새기개, 자르개, 찌르개 등이 이때 만들어진 석기들이야. 밀개는 밀 때, 긁개는 긁을 때, 새기개는 요즘 조각칼처럼 무엇인가를 새길 때, 자르개는 칼처럼 자를 때, 찌르개는 송곳처럼 구멍을 낼 때 사용하는 도구들이었지.

구석기 시대 후기에는 큰 돌에서 형태가 비슷한 돌 조각들을 여러 개 떼어 내어 같은 용도를 가진 도구를 많이 만들어 사용하는 등 보다 발전된 형태의 석기들을 사용했어.

한편 기다란 나무 막대기 끝, 뼈 등에 묶거나 박아서 창이나 화살의 용도로 사용했던 석기도 있어. 고고학자들은 이 도구를 슴베찌르개라고 이름 붙였어. 왜 그랬냐고? 찌르개와 용도는 비슷한데, 특별히 슴베가 달려 있기 때문이지. 슴베는 칼과 화살촉 등에서 자루나 살대 속에 들어가는 부분을 말해.

□ 구석기 시대 사람들은 어떻게 살았나요?

구석기 시대 사람들은 농사를 짓고 살았을까? 정답은 'No'야. 그럼, 구석기 시대 사람들은 무얼 먹고 살았을까?

구석기 시대 사람들은 짐승 또는 물고기를 잡아먹거나, 식물의 열매나 뿌리를 채취하여 먹고 살았어. 따라서 구석기 시대 사람들은 줄곧 이동하며 살 수밖에 없었지. 굶어 죽지 않으려면 사냥감이나 열매가 많은 곳을 찾아다녀야 하니까 말이야. 그래서 이들은 집을 지어도 나뭇가지 따위를 얼기설기 엮어서 이슬이나 겨우 피할 수 있을 정도의 막집을 짓거나, 동굴에서 주로 거주했지. 그러다가 먹을거리가 떨어지면 곧바로 짐을 싸서 다른 곳으로 이동했어. 그야말로 '엄마 찾아 삼만 리'가 아닌 '먹이 찾아 삼만 리'를 해야 했던 눈물겨운 삶이었지.

□ 구석기 시대에도 종교 관념이 있었을까요?

"구석기 시대 사람들도 종교 관념을 가지고 있었다."

Yes일까, No일까?

No라고?

아니야, 아니야, 'Yes'가 정답이야. 아주 원시적인 의미의 종교 관념이지만, 구석기 시대 사람들도 분명히 종교 관념을 지니고 있었어.

무엇으로 증명하냐고? 한반도의 대표적 구석기 유적지인 공주 석장리 유적지에서 물고기를 새긴 조각품이 발굴되었고, 청원 두루봉 동굴에서는 사람 얼굴을 새긴 사슴 뼈가 발견되었어. 이를 통해 사람이 죽으면 시체를 매장하였고, 무덤 안에 장식품과 도구를 함께 넣었던 걸 알 수 있지.

한편 유럽을 비롯한 외국의 구석기 유적지에서도 동굴 벽화나 다산과 풍요를 기원하는 조각품이 나오고 있는데, 이 또한 당시 사람들이 사냥의 성공과 풍요를 기원하는 종교 의식을 지니고 있었음을 입증하고 있는 사례들이지.

□ 신석기 시대 사람들은 어떻게 살았나요?

한반도에서 신석기 시대 사람들의 흔적은 큰 강 유역이나 해안가에서 주로 발견되고 있어. 유적지 안에서는 돌창·돌화살촉과 같은 간석기와 뼈로 만든 낚싯바늘, 돌그물추, 빗살무늬 토기가 나오고 있어. 이것은 신석기 시대 사람들이 강가나 해안가에 지붕을 씌운 움집을 짓고 살면서 뼈낚시나 그물 등을 가지고 물고기를 잡거나 조개를 캐 먹고 살았다는 것을 알려 주지. 또한 동물 사냥도 많이 했음을 알 수 있어.

이처럼 물고기 잡이와 동물 사냥을 통해 먹을 것을 해결했던 신석기 시대 사람들이 어느 때부터 농사를 짓고 가축도 기르기 시작했어. 이것은 인류 발전사에서 획기적인 사건이었는데, 영국의 고고학자 고든 차일드는 농사의 시작을 '여러 사회·문화적 발전을 가능하게 만들어 준

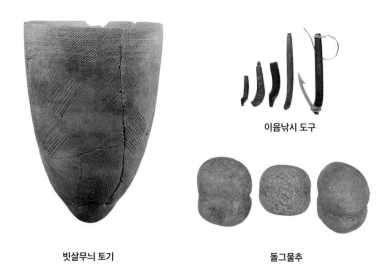

이음낚시 도구

빗살무늬 토기   돌그물추

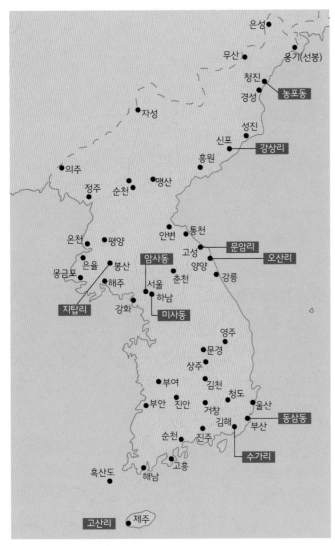

신석기 시대 유적지 분포

전혀 새로운 차원의 생산 양식'이라고 말하며, 이를 "신석기 혁명"이라고 표현했어. 고든 차일드가 신석기 시대 농사의 시작을 "혁명"이라 말한 이유는 농사의 시작으로 인류는 '자연 의존적인 삶'에서 벗어나 '자연을 이용하고 개발하는 삶'을 살게 되었기 때문이야. 그리고 그 결과 정착 생활이 가능해졌고, 인구가 크게 늘어나 인류가 만물의 영장으로 성장할 수 있는 획기적인 기회를 잡게 되었기 때문이지.

그런데 당시 사람들은 어떤 작물을 경작하였을까? 신석기인들은 조나 피, 수수 등을 재배했다고 해. 이 곡식을 돌낫이나 뼈낫으로 수확하고, 갈판에 곱게 갈아서 음식을 만들어 먹었던 거지. 어때, 상상이 되니?

한편 농사를 짓기 시작하면서 이전 시대와는 다른 변화가 하나 생겼는데, 바로 목축이 시작되었다는 거야. 목축이란 집에서 소·돼지와 같은 동물을 기르는 것을 말해. 씨를 뿌리고 난 후에는 수확할 때까지 아무리 먹고살기 힘들어도 이동할 수가 없었어. 그러다 보니 농사가 시작된 후로는 농지로부터 먼 곳까지 떠돌아다니며 사냥을 한다는 것이 거

갈돌과 갈판　　　　　　　　　가락바퀴　　　　　　　뼈바늘

의 불가능한 일이 되고 말았지. 이때, 사람들은 새로운 발상을 했어. 야생 동물들을 산 채로 잡아 와서 집 주변에 울타리를 치고 직접 키우는 목축을 시작한 거야. 이외에도 신석기 시대부터는 가락바퀴로 실을 뽑아서 뼈바늘로 옷을 지어 입기도 했어.

여기서 잠깐! 팩트 체크! 신석기 시대에 농사가 시작되었다고는 하지만 아직은 시작 단계에 불과했어. 따라서 신석기 시대 사람들은 대체적으로 농사에 의존하여 살기보다는 대부분이 사냥이나 물고기 잡이, 식물의 열매나 뿌리를 채취해서 먹고사는 삶의 비중이 더 컸어.

□ 석기 시대에는 지배·피지배 관계가 없었나요?

다 알다시피 구석기 시대와 신석기 시대는 평등 사회였어. 그런데 과연 그랬을까? 결론부터 말한다면 '그래'라고 고개를 끄덕일 수밖에 없어. 생산성이 아주 낮았던 이 시대에는 먹고 남는 잉여 생산물이 나올수 없었어. 따라서 더 많이 가진 사람이 그렇지 못한 사람을 지배하는 '지배·피지배 관계'가 생길 수 없었어. 다만 그렇다고 해서 무리의 지도자가 없었던 것은 아니야. 무리 전체를 이끄는 인솔자는 있었어. 경험이 많은 사람이 지도자가 되어 농사나 사냥과 같은 생산 활동을 이끌었지.

□ 석기 시대 사람들도 종교 생활을 했나요?

신석기 시대 사람들은 해, 달, 산, 강, 동물, 큰 나무 등에 영혼이 깃들어 있다고 믿었어. 그리고 이것들이 사람들의 삶에 영향을 미친다고 생각했지. 다시 말해서 생활에 큰 영향을 끼치는 자연 현상이나 자연물에 혼령이 있다고 믿으며 숭배했는데, 이를 '애니미즘Animism'이라고 해. 특히 태양과 물에 대한 숭배가 으뜸이었어.

또한 인간과 영혼 또는 하늘을 연결해 주는 존재인 무당과 그가 행하는 주술을 믿었는데, 이를 '샤머니즘Shamanism'이라고 해. 그리고 자기 부족의 기원을 특정 동식물과 연결시켜서 우상처럼 숭배하는 '토테미즘Totemism'도 유행했지.

한편 신석기 시대 사람들은 사람이 죽어도 영혼은 사라지지 않는다고 생각했어. 그래서 자신들의 조상을 지극 정성으로 모셨어.

이러한 다양한 종교 생활은 예술 활동에도 영향을 미쳤어. 신석기 시대에 만들어진 여자 조각상이나 조개껍데기 가면 등은 신석기인들의 종교 관념을 반영하고 있는 대표적인 예술품이지.

우리 부족은 돼지신과 닮았으니 복 받을껴.

종교적 기원을 담은 석기 시대 예술품

조개로 만든 팔찌(왼쪽)와 동물의 이빨로 만든 발찌(오른쪽) 신석기인들이 몸을 꾸미는 데 사용한 대표적인 치레걸이(장신구)들이다.

얼굴 모양 조개껍데기 가면

석기 시대에 지배자가 있었다면?

석기 시대는 평등한 공동체 사회였어. 만약 평등한 이 사회에 지배자가 있었다면, 사회는 어떻게 되었을까?

안타깝게도 사회 구성원 모두가 죽었을 가능성이 커.

왜 그러냐고? 예를 들어서 설명해 볼게.

장콩이 사는 마을에 10명의 사람이 살고 있었어. 하루는 사람들 전부가 사냥을 나가서 거대한 동물 한 마리를 잡았어. 앞으로 언제 또 사냥이 성공할지는 기약할 수 없는 일이었어. 그런데 이때 지배자가 있어서 자기 욕심만 채우려고 많은 양의 고기를 가져가 버린 거야. 나머지 사람들은 어찌 되었을까? 아마 서로 조금이라도 많은 양의 고기를 차지하기 위해서 아귀다툼을 벌였을 거야. 이런 일이 한두 번이면 별일이 없겠지만, 사냥할 때마다 발생한다고 생각해 봐. 그러면 힘이 약한 사람부터 도태될 수밖에 없겠지. 그리고 결국에는 사냥 자체를 할 수 없게 되었을 거야. 왜냐고? 동물을 사냥할 수 있는 최소 인원이 10명 정도라고 했을 때, 사람들이 5명뿐이라면 사냥을 할 수 없겠지?

결국 이 사회는 '너 죽고 나 살자'는 식으로는 살 수 없는, 네가 살아야 나도 살 수 있는 그런 사회였던 거야. 따라서 사람들 모두가 살기 위해서는 '공동 생산, 공동 분배'를 할 수밖에 없었던 거지. 이런 연유로 석기 시대에 지배자는 불필요한 존재였지. 어때? 이 시대로 돌아가고 싶지 않니? 아니라고? 그래도 지금이 더 좋다고?!

줄을~ 서시오.
1인당 600그램씩!

청동기를 사용하면서 사회가 크게 변한 까닭은?

□ 청동기 시대는 언제 시작되었나요?

세계 최초의 청동기 문명은 언제 시작되었을까? 기록에 의하면 기원전 3500년경에 이란 고원 근처에서 인류 최초의 청동기 문명이 탄생했다고 전해지고 있어. 그러나 우리가 살고 있는 한반도는 이보다 늦은 기원전 2000년경에서 기원전 1500년경에 청동기 시대가 시작되었다고 해.

그건 그렇고, 청동기는 어떻게 만들었을까? 청동을 제련하는 데 필요한 불의 온도는 700~800도 정도야. 이 정도의 온도는 장작불을 지피면 나올 수 있으니까 당시에도 청동의 제련과 주조는 그리 어려운 일이 아니었을 거야. 그런데 왜 교과서에는 '청동기는 만들기가 어려웠고, 대량으로 만들 만큼 재료도 충분하지 않아서 지배 계급의 무기나 장식품으로 사용되었다'고 나올까? 여기에는 이유가 있어.

청동기는 구리에 주석이나 아연을 첨가한 합금이기 때문에 이들 재료를 모두 구할 수 있는 곳이 아니면 만들기 어려웠어. 따라서 청동기는 만드는 곳이 한정되어 있어서 만주나 한반도 지역은 지금의 몽골 고원이나 시베리아 지방인 북쪽 지역에서 청동기를 수입하여 사용해야 했지.

상황이 이러하다 보니, 청동기는 지배 계급이 아니면 사용할 수 없는 아주 값비싼 귀금속이었어. 요즘으로 치면 '다이아몬드' 정도 되는 고가의 제품 말이야.

그렇기 때문에 청동기 시대의 생활 도구는 여전히 돌이나 나무로 만든 것들이 대다수였지. 청동기 시대라서 청동기를 아주 많이 사용했을 것 같지만, 실제로는 그렇지 않았던 거야.

□ 청동기 시대 사람들은 어떤 농사를 지었나요?

청동기 시대로 접어들면서 전 시대에 비해 가장 크게 변한 것은 농사가 주업이 되었다는 것이야. 신석기 시대 후기로 접어들면서 시작된 농사는 청동기 시대에 들어와 그 비중이 크게 늘었어. 사람들은 이제 물고기 잡이나 사냥보다는 농사 위주로 생활을 꾸려 나갔지.

이러한 변화는 사는 곳도 달라지게 했어. 신석기 시대 사람들이 물고기나 조개류 등을 쉽게 잡을 수 있는 강가나 해안가에 살았던 데 비해, 청동기 시대 사람들은 강을 끼고 있는 야산이나 구릉 지대*에 살았어. 그곳에서 여러 사람이 모여 마을을 이루고 살았지. 집도 신석기 시대보다 커져서 직사각형이나 원형의 큰 움집을 주로 지었어. 그리고 음식물을 저장하는 그릇은 표면에 무늬가 새겨지지 않은 민무늬 토기를

구릉 지대 해발 고도 200~600미터의 완만한 높낮이를 이루고 있는 지형. 산보다는 낮고 땅보다는 높은 언덕 같은 곳. 청동기 시대 사람들은 주로 이런 곳에서 마을을 이루고 살았다.

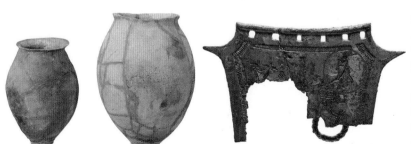

민무늬 토기(왼쪽) 청동기 시대에 주로 사용된 토기. 충남 부여 송국리에서 출토되었다.

농경문 청동기(오른쪽) 따비로 밭을 가는 모습(○표시 부분) 등 농사 짓는 모습이 새겨져 있다.

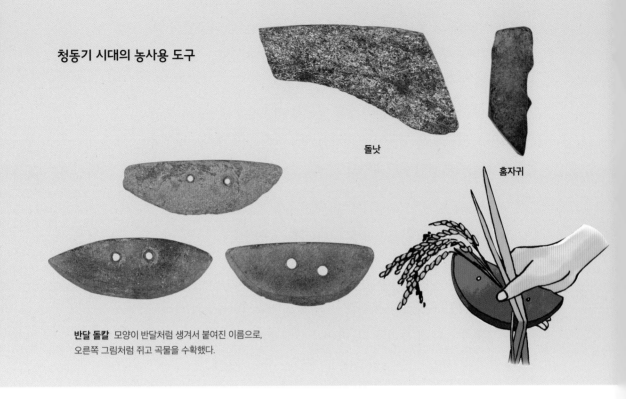

청동기 시대의 농사용 도구

돌낫

홈자귀

반달 돌칼 모양이 반달처럼 생겨서 붙여진 이름으로, 오른쪽 그림처럼 쥐고 곡물을 수확했다.

주로 사용하였어.

거주지가 야산이나 구릉 지대로 옮겨 온 이유는 농사를 짓기에 적합했기 때문이야. 주로 구릉 주위의 골짜기를 개간하여 농사를 지었는데, 이들이 재배했던 곡물은 조·보리·콩 등이었어. 현재 우리가 주식으로 먹는 쌀농사도 이 시기부터 본격적으로 시작되었다고 해. 한편, 물길로 둘러싸인 구릉 지대는 외부로부터 쳐들어오는 적을 방어하는 데도 유리했어. 아마 이 점도 청동기 시대 사람들이 해안이나 강가에서 구릉 지대로 옮겨 온 이유 중의 하나일 거야.

그렇다면 농사용 도구로는 무엇이 있었을까? 청동기 시대이니 청동제 농기구를 사용했다고 생각하기 쉬운데, 이건 큰 오산이야. 앞에서도 말했지만, 청동기는 아주 값비싼 금속이었고, 또 재질이 물러서 땅을 파는 용도로는 적합하지 못했어. 따라서 청동기 시대에도 신석기 시대와 비슷하게 돌이나 나무로 만든 농기구를 사용했지. 물론 반달 돌칼이나 홈자귀와 같이 청동기 시대에 새롭게 등장한 석기가 없던 것은 아니야. 그러나 돌낫이나 돌쟁기와 같은 농기구는 신석기 시대부터 사용했던 것으로, 결국 농기구는 신석기 시대에 비해 크게 발전했다고 말할 수 없어.

청동기 시대를 대표하는 농기구인 반달 돌칼은 곡물의 이삭을 따는 데 사용하던 도구로, 만주의 랴오허 유역에서부터 한반도 남부 지방까지 폭넓게 출토되고 있어. 이것으로 보아 당시 생산 활동에서 농업이 차지하는 비중이 무척 컸음을 알 수 있어.

□ 청동기 시대에 사회가 급속히 변했다는데, 정말인가요?

결론부터 말한다면 'Yes'야. 변해도 너무 많이 변했어.

청동기 시대의 가장 큰 사회 변화는 지배자와 피지배자가 확실하게 분리된 계급 사회가 되었다는 점이야. 청동기를 사용하고 농업 생산력이 증가하면서 세력이 커진 부족은 족장'군장'이라고도 한다을 중심으로 뭉쳐서 인근 부족을 정복하기 시작했어. 이들은 세력을 확장하면서 더욱 강력해져 갔지. 반면에 전쟁에서 패한 부족 사람들은 승리한 부족에게 끌려가서 노예 생활을 해야 했어. 비극의 시작?

이러한 일은 식량 부족에 시달렸던 신석기 시대에는 불가능했어. 그러나 농업 생산력이 증대됨에 따라 부족 전체가 먹고도 곡식이 남아돌았던 청동기 시대에는 가능한 일이 되었지.

계급은 부족과 부족 사이에서만 나타난 것이 아니라 부족 내부에서도 나타났어. 부족 내의 일부 사람들은 사유 재산 형성이 가능해졌고, 자신들이 차곡차곡 쌓아 둔 재산을 바탕으로 지배자로 탈바꿈해 갔어.

청동기 시대의 청동 유물

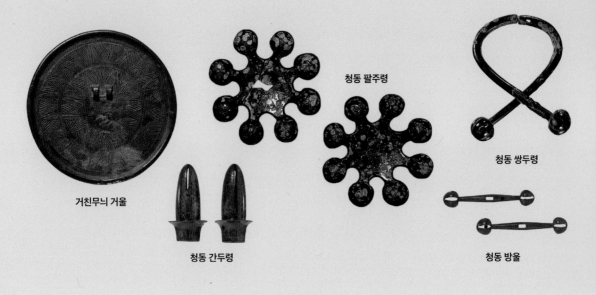

거친무늬 거울

청동 간두령

청동 팔주령

청동 쌍두령

청동 방울

이에 반해 농사에 실패한 사람들은 굶어 죽지 않기 위해 곡식을 많이 가진 사람 밑으로 들어가 노예 생활을 해야 했지.

이와 같이 청동기 시대에는 농업 발달 속에 정착 생활이 일반화되면서 부족 내부에서는 경제력의 높고 낮음에 따라 지배자와 피지배자가 나타났어. 또한 부족 간에도 청동제 무기를 가진 부족과 그렇지 못한 부족 사이에 힘의 차이가 생겨서 결국은 불평등한 관계가 나타났지. 따라서 인류는 이 시기부터 계급 사회로 접어들었어.

□ 왜 청동기 시대를 제정일치 사회라고 하나요?

제정일치祭政一致란? 한자가 나오니 다들 고개를 숙이는구나. '제祭'란 하늘에 지내는 제사를 말해. '정政'은 정치를 뜻하고. 따라서 하늘에 제사를 지내는 권한과 현실 정치를 담당하는 권력이 분리되지 않고 한 사람에게 모두 집중된 정치 체제를 '제정일치'라고 하지. 청동기 시대가 바로 제정일치 사회였어.

　이러한 사실은 청동기 문화를 바탕으로 세운 우리나라 최초의 국가, 고조선의 건국자 이름을 통해서 알 수 있지. 고조선을 건국한 사람은 대한민국 사람이면 다 아는 '단군왕검檀君王儉'이잖아. 여기에서 단군은 하늘에 제사를 지내는 '무당'을 뜻해. 왕검은 '정치적 지배자'를 뜻하지. 따라서 단군왕검은 제정일치 사회의 족장이었음을 알 수 있어.

멋지다!
우리 족장님.

　그런데 청동기 시대의 지배자인 족장 세력은 무엇으로 하늘과 대화를 나누었을까? 족장은 청동 방울과 청동 검을 손에 들고 흔들면서 하늘에 대한 제사를 이끌었다고 해. 또 청동 거울을 가지고 하늘과 교신했지. 지금 보면 유치하지만, 청동 거울은 일종의 무전기였던 셈이지. 청동 거울의 뒷면에 새겨진 가는 줄무늬는 태양빛을 상징하는 것으로, 족장이 하늘의 뜻을 물을 때에 청동 거울을 태양에 반사시켜 반짝이게 함으로써 부족원들에게 자신의 권위를 과시했어.

□ 족장들이 무덤을 크게 만든 이유는요?

　청동기 시대를 대표하는 무덤으로는 고인돌과 돌널무덤이 있어. 돌널무덤은 땅을 사람이 들어갈 정도의 긴 네모꼴로 파고, 네 벽을 돌판으로 두른 후 그 안에 시체를 묻는 무덤을 말해.

　반면에 고인돌은 죽은 사람을 묻고 위에 큰 덮개돌을 올려놓은 무덤으로 우리나라 청동기 시대를 대표하는 무덤이야.

　흔히들 고인돌을 청동기 시대 지배자의 무덤이라고 말하는데, 그 이유는 무덤을 만들기 위해 수많은 사람들이 동원되었기 때문이야. 강화도 부근리에 있는 고인돌은 덮개돌이 약 80톤 정도 되는데, 이 정도의 돌을 운반해서 굄돌 위에 세우기 위해서는 대략 힘센 어른 500여 명 정도가 동원되어야 해. 엄청나지?

그런데 청동기 시대 지배자들은 왜 이처럼 노동력이 많이 동원되는 무덤을 만들어서 사람들을 괴롭혔을까? 여러 가지 이유가 있겠지만, 가장 중요한 것은 커다란 기념물을 세움으로써 족장의 권위를 과시하고, 그 권위가 후계자에게 확고하게 이어졌음을 알리기 위해서였어. 다시 말해서 일종의 통치 행위였던 셈이지.

탁자 모양의 고인돌(인천 강화 부근리)

바둑판 모양의 고인돌(전남 화순)

청동기 시대 마을은 어땠을까?

청동기 시대에는 사람들이 지붕이 있는 움집에서 살았어. 마을은 울타리를 두르고 도랑을 파서 적의 침입에 대비했어. 사람들은 농사를 짓고, 가축을 길렀어. 부족의 지배자인 족장은 하늘에 제사를 지내 농사가 잘 되게 해 달라고 빌었으며, 힘이 센 부족은 다른 부족을 정복하며 점점 세력을 키워 갔어.

04 고조선은
어떤 나라였을까?

□ 왜 고조선이라고 이름을 붙였나요? □ 고조선은 어떻게 세워졌나요?
□ 고조선은 어떻게 성장했나요? □ 고조선이 멸망한 이유는 무엇인가요?
□ 고조선 사람들은 어떻게 살았나요?

□ 왜 고조선이라고 이름을 붙였나요?

고조선이 우리 민족이 세운 최초의 국가라는 사실은 다 알고 있지? 고조선은 단군왕검이 청동기 문화를 바탕으로 중국의 랴오닝 지방●과 한반도 서북 지방의 여러 부족들을 통합하여 세운 나라야. 원래 이름은 고조선이 아니라 그냥 '조선朝鮮●'이었어. 요건 몰랐지?

그런데 왜 조선을 '고조선'이라고 부르는 걸까? 그것은 1392년 이성계가 세운 '조선朝鮮'과 구별하기 위해서 앞에 '옛 고古'자를 붙인 거야. 어때, 좀 시시하지? 그러나 고조선이란 이름은 고려 시대 사람들도 썼어. 어떻게 아냐고? 고려 후기에 승려 일연이 쓴 『삼국유사』에 고조선이 처음 등장하고 있거든. 일연은 단군이 세운 조선과 위만이 세운 조선을 구분하기 위하여 단군의 후예들에 의해 유지된 조선을 '고조선'이라 했어. 따라서 이성계가 주도하여 세운 조선 왕조와 구별하기 위해서 '고조선'이라 했다는 설이 틀린 견해일 수도 있어.

□ 고조선은 어떻게 세워졌나요?

고조선을 세운 것은 단군이지. 그렇다면 단군은 언제 고조선을 세웠

랴오닝 지방 중국 동북 지방에 있는 랴오허 주변 지역.

조선 조선은 '태양이 뜨는 자리'라는 뜻의 고대 우리말 '아사달'을 한자로 표현한 것이라고 한다.

을까? 『삼국유사』에 실린 건국 신화에 의하면 고조선은 기원전 2333년
에 세웠어.

단군 영정 상상화

그런데 고조선의 건국 연도에는 풀리지 않는 미스터리가 하나 있어.
기원전 2333년은 신석기 시대야. 세계사적으로 국가의 형성은 청동기
문화를 바탕으로 하고 있는데, 유독 고조선만 신석기 시대에 형성되었
다는 것은 믿기 어려운 일이야.

어쩐지 고조선의 건국 연도가 과장되었다는 느낌이 들지 않니? 타
임머신이 있다면 과거로 돌아가서 속 시원하게 그 비밀을 밝힐 텐
데…….

다만 확실하다고 장담할 수 없지만, 이런 해석은 가능해. 단군으로
상징되는 집단이 신석기 시
대인 기원전 2333년부터 무
리를 이루어 살다가 청동기
시대에 들어와 세력이 확대
되며 국가를 형성한 거지. 어
때, 그럴듯한 해석이지?

그럼, 고조선의 중심지는
어디였을까? 고조선이 청동
기 문화를 바탕으로 성립되
었다고 추정한다면, 고조선
의 세력 범위를 알려 주는 증
거 유물이 두 가지 있어. 비파
형 동검과 탁자식 고인돌이
바로 그것들이야. 이 유물들
은 청동기 시대를 대표하는
것으로, 중국의 랴오닝 지방

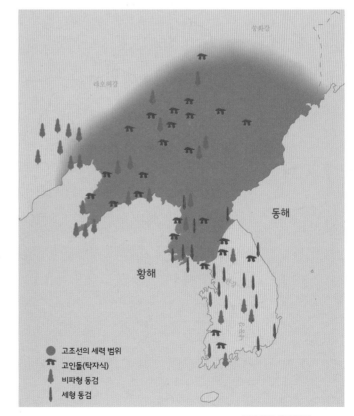

고조선의 세력 범위

을 중심으로 한반도 북부에 주로 분포하고 있어.

특히 비파형 동검은 고조선의 세력 범위를 추정할 수 있는 대표적인 유물로 주로 랴오닝 지방에서 출토되는 것으로 보아 고조선의 초기 중심지를 짐작할 수 있지.

또 청동기 시대 후기의 대표적인 유물인 세형 동검의 출토지를 통해서 고조선의 중심지가 랴오닝 지방에서 평양 부근으로 이동한 것을 알 수 있지. 그걸 어떻게 알 수 있냐고? 중국의 역사책에 의하면, 고조선이 '기원전 4세기 말에서 3세기 초에 중국의 연나라와 대립했다.'라고 나와 있어. 이 기록과 세형 동검의 출토지를 연결시켜 보면, 청동기 시대 후기에 고조선의 중심지가 랴오닝 지방에서 평양 부근으로 이동했음을 짐작할 수 있지. 따라서 고조선은 초기에는 랴오닝 지방을 중심으로 나라를 형성하여 성장하다가 후기에는 중국 세력과 대립하는 과정에서 평양 부근으로 이동하여 나라를 유지했다는 것을 알 수 있어.

☐ 고조선은 어떻게 성장했나요?

고조선은 청동기 문화를 기반으로 나라를 형성한 후 꾸준히 세력을 확장했어. 기원전 7세기부터 다른 나라와 교역을 하기 시작했고, 기원전 4세기경에는 랴오닝 지방을 중심으로 만주와 한반도 북부를 세력권으로 하여 왕이라는 칭호를 사용할 정도로 발전했어. 그뿐만 아니라 기원전 4세기 말에는 중국의 북쪽 지역에서 큰 세력을 형성하고 있던 전국 시대 7웅 중의 하나인 연燕을 공격할 만큼 강한 힘을 보여 주기도 했어.

그러나 단군의 맥을 이어 오던 고조선은 중국에서 진秦나라가 망하고 한漢나라가 등장하던 때기원전 2세기 초반에 중국 땅에서 무리를 이끌고 망명해 온 위만에 의해 상황이 크게 달라졌어. 당시 고조선의 지배자는 준왕이었는데, 그는 위만이 무리를 이끌고 망명해 오자 서쪽 변경을 지키도록 했어. 그런데 위만은 변방을 지키는 장수로 만족하지 않고 세력을 키워서 끝내 준왕을 몰아내고[기원전 194] 본인이 고조선의 왕이 되고 말았어. 후세 사람들은 이때부터의 고조선을 단군 조선과 구별하여 위만 조선이라고 부르고 있어.

위만 조선은 철기 문화를 바탕으로 주변의 여러 부족을 통합하여 세력을 크게 확장했어. 부족 연맹 형태의 국가 조직을 갖추었고, 왕 아래 상, 대부, 장군 등의 관직을 갖추며 국가 체제도 정비했어. 그리고 한반도 남부 지방에 위치한 진의 여러 나라와 중국을 통일한 한漢나라 사이에서 중계 무역을 하면서 경제적 이득을 취하여 한에 버금갈 정도의 경제적으로 부강한 나라가 되었어.

□ 고조선이 멸망한 이유는 무엇인가요?

고조선의 세력이 커지자 주변 국가들은 크게 불안해했지. 특히 국경선을 맞대고 있던 한나라는 더욱 그랬어. 불안을 느낀 한나라 임금 무제는 기원전 109년, 5만의 군사를 동원하여 고조선을 침략했어. 고조선은 완강하게 저항했지만 지배층의 분열로 싸움을 시작한 지 1년 만에 수도인 왕검성이 함락당해 결국 멸망하고 말았어[기원전 108].

이후 한나라는 고조선의 옛 땅에 4개의 군郡을 설치하여 직접 통치했어. 이것을 한사군● 혹은 한 군현이라고 해. 한의 직접 지배를 고조선 사람들은 그대로 인정했냐고? 어땠을 것 같아. 반발했을 것 같다고? 물론이야. 고조선 유민들은 한의 억압과 수탈에 반발하여 다른 지역으로 이주하거나 직접 맞서 싸움을 전개했어. 그러다 보니 한 군현은 하나둘 폐지되었으며, 오직 낙랑군만이 오랜 기간 유지되다가 313년에 고구려에 의해 멸망당했어.

한사군 漢四郡. 한나라의 무제가 위만 조선을 멸망시키고 그 옛 지역에 설치한 4개의 행정 구역. 낙랑군, 임둔군, 진번군, 현도군이 여기에 해당한다.

□ 고조선 사람들은 어떻게 살았나요?

고조선 사람들은 어떻게 살았을까? 이 질문에 대답할 수 있는 좋은 자료가 한나라의 역사를 기록한 책인 『한서漢書』 지리지 편에 나와 있어. 고조선은 사회 질서를 유지하기 위하여 8개 조항의 법률을 만들었는데, 그중 3개가 『한서漢書』 지리지에 실려 있지.

이 조항들을 자세히 살펴보면 고조선 사회가 어떠했는지 알 수 있어.

> "사람을 죽인 자는 사형에 처한다."
> "남을 다치게 한 자는 곡물로 갚는다."
> "도둑질한 자는 잡다 노비로 삼는다. 용서를 받으려면 많은 돈을 내야 한다."

우선 고조선에서는 인간의 노동력을 경제적 가치로 인식했음을 알수 있어. 그래서 남을 다치게 했을 경우에는 노동력 손실을 가져온 대가로, 곡물로 배상하게 한 거야. 또 사유 재산 제도가 성립된 사회였고, 노비가 존재했음도 알 수 있어. 이렇듯 역사 자료를 꼼꼼하게 분석하면 타임머신이 없어도 그 시대의 생활 모습을 알 수 있지.

그런데 한 군현이 설치된 후에 느닷없이 법 조항이 60여 개로 증가하였고, 풍속도 각박해졌어. 왜 그랬을까? 그 이유는 고조선 사람들이 한 군현 설치에 반발하여 크게 투쟁하였기 때문이야. 고조선 사람들이 반발하자 한 군현은 엄한 법률을 시행하여 자신들의 생명과 재산을 보호하려 했던 것이지.

위만이 끌고 온 무리는 어떤 사람들일까?

위만이 지금의 중국 땅에서 살았던 것은 분명해 보여. 그러나 그렇다고 해서 위만과 그의 무리들을 중국인이라고 단순하게 생각해서는 안 돼. 위만의 무리는 고조선으로 들어올 때 상투를 틀고 흰옷을 입고 있었어.

상투와 흰옷은 우리 민족을 대표하는 상징물이야. 또 위만은 쿠데타를 일으켜서 준왕을 쫓아내고 새 나라를 세웠지만, 나라 이름을 그대로 조선이라 했어. 그뿐만 아니라 그의 정권에서는 토착민 출신으로 높은 지위에 오른 자가 많았어.

이러한 사실로 보았을 때, 위만의 무리는 중국 영역에 살고 있던 우리 민족이 진·한 교체기의 혼란을 피해 고조선 땅에 들어왔다고 생각할 수 있어. 따라서 위만 조선은 중국인이 세운 나라가 아니라 단군의 고조선을 계승한 '우리 민족의 나라'였음을 알 수 있지.

철기의 보급으로 나타난 사회 변화는?

□ 철기는 언제부터 사용했나요? □ 철기의 보급은 당시 생활에 어떤 영향을 주었나요?
□ 철기 시대를 대표하는 무덤으로는 어떤 것들이 있나요?

□ 철기는 언제부터 사용했나요?

청동기가 북방으로부터 전래된 것에 반해 철기는 중국으로부터 들어왔어. 따라서 우리가 중국과 본격적으로 교류를 시작한 것은 철기 시대부터라고 할 수 있지. 기원전 5세기 무렵으로 고조선이 한참 성장하고 있었을 때야.

청동기 문화를 바탕으로 성립된 고조선은 철기가 보급되면서 더욱 발전하게 되었어. 그러나 철기가 들어왔다고 해서 고조선 사회에서 청동기가 곧바로 사라진 것은 아니야. 예를 들어 폴더폰이 스마트폰으로 대체되었다고 해서 폴더폰이 어느 날 갑자기 없어진 것이 아니듯이 말이야. 아무리 좋은 물건도 처음 시장에 선보여서 많은 사람들이 사용하기까지는 어느 정도 시간이 걸리기 마련이지. 철기 또한 마찬가지였어. 기존에 사용하던 청동기보다 훨씬 우월한 도구였지만, 곧바로 청동기를 밀어낼 수는 없었지. 약 300~400년 동안 청동기는 철기와 함께 사용되다가 기원전 1세기 무렵에 들어서면서 철기에게 완전히 자리를 양보했어. 이때부터 철기가 광범위하게 사용되기 시작한 거야.

철기가 널리 사용된 이유는 무엇일까? 도대체 철기의 어떤 점이 청동기보다 우수했을까?

철기가 청동기보다 녹이 잘 슨다는 것은 다들 알고 있지. 박물관에서 흔히 볼 수 있는 녹슨 철기들은, 푸른색 녹으로 단장하여 고색창연한 모습으로 진열장 안에 떡하니 버티고 있는 청동기에 비해 보잘 것 없잖아. 그럼에도 불구하고 학자들은 철기의 사용으로 사회가 크게 발전했다고 말하고 있어. 왜 그럴까?

우선 철기는 그 단단함에서 청동기보다 훨씬 앞서 있어. 칼날을 더욱 날카롭게 만들 수도 있고 말이야. 또 철은 구리보다 매장량이 많아. 그뿐만 아니라 단일 금속이라 철광석만 있으면 바로 그 자리에서 무기나 농기구와 같은 도구들을 다량으로 생산할 수 있지. 이런 점에서 철기는 청동기에 비해 훨씬 발전된 도구였던 셈이지.

□ 철기의 보급은 당시 생활에 어떤 영향을 주었나요?

철기의 보급은 농업 발달에 큰 도움을 주었어. 청동기 시대에도 농업 기술의 발달로 농업 생산력이 증대했다고는 하지만, 농기구만큼은 신석기 시대보다 나아진 것이 별로 없었어. 그러나 철기 시대로 들어와

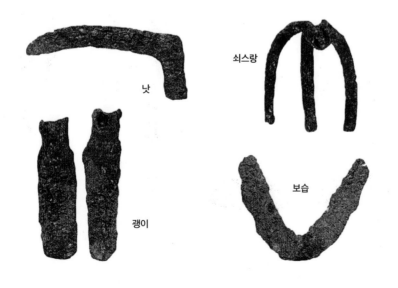

낫

쇠스랑

괭이

보습

철로 만든 농기구들 철로 만든 농기구들은 논과 밭에서 흙을 부수고 땅을 고르는 데 아주 유용했다. 따라서 철기의 보급은 농업 생산량의 증가를 가져왔다.

철기 시대의 집터(전남 순천 대곡리)

서 철로 만든 괭이, 보습, 낫이 보급됨으로써 땅을 깊게 갈 수 있고 황무지 개간도 쉬워져 농업 생산력이 급격히 늘었지. 더불어 생산력 향상으로 인구 또한 크게 증가하였어.

한편, 단단하고 날카로운 철제 무기의 사용은 전투력의 향상을 가져왔어. 부족 간의 전쟁이 더욱 빈번해졌고, 철제 무기를 독점한 부족의 지배자는 주변 부족을 정복하여 세력을 크게 확장해 갔지. 또한 철기 시대에는 직업이 전문화되고 사회의 계층 분화 현상도 한층 뚜렷해졌어.

기원전 1세기 무렵에 만주와 한반도 지역에 새롭게 나타난 부여·고구려·옥저·동예·삼한은 철기를 바탕으로 성장한 나라들이야. 이들 국가들은 중국이나 일본과 육로나 해로를 통해 꾸준히 문물을 교류하면서 독자적인 발전을 이루었어.

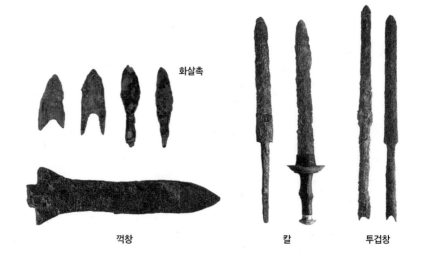

화살촉

철로 만든 무기들 칼, 화살촉, 창 등 무기류가 만들어지며 여러 나라가 성장하는 배경이 되었다.

꺽창   칼   투겁창

□ 철기 시대를 대표하는 무덤으로는 어떤 것들이 있나요?

철기 시대를 대표하는 무덤으로는 널무덤과 독무덤옹관묘이 있어. 널무덤은 땅을 파고 나무 널을 넣는 무덤으로, 한반도 서북 지역에서 먼저 만들어져 이후 남부 지역으로 점차 확대 보급되었는데, 경상도의 낙동강 유역에서 많이 만들어졌어. 독무덤은 두 개의 독을 이어 만든 무덤으로 항아리 안에 시체를 넣어 묻었어. 전라도의 영산강 유역에서 유행했던 독특한 무덤 양식이야.

창원 다호리에서 출토된 널무덤(위), 영산강 유역에서 출토된 독무덤(아래)

철기가 보급되면서
청동기의 운명은 어떻게 되었을까?

철기가 사용되기 전에 지배자의 권위를 상징하며 각광을 받았던 청동기는 철기의
보급 속에 점차 자기들이 누렸던 지위를 잃을 수밖에 없었어. 그러나 '부자가 망해도
삼 년은 간다.'는 말처럼 쓸모가 없어진 청동기도 나름대로 자신들의 영역을 일정 기
간 유지는 했어. 무엇으로 했냐고? 바로 '의기儀器'야. 여기서 의기라 함은 제사나 장례
에 쓰이는 의례용 도구라는 뜻이야. 하늘에 제사를 지낼 때 쓰거나 지배자의 무덤 속
에 넣는 껴묻거리로 쓰였다는 거지.

청동기와 철기가 복합적으로 사용되던 시기에 청동기는 주로 의기로 사용되었고,
그것을 대표하는 유물이 세형 동검과 잔무늬 거울이야. 비록 실생활과 거리는 멀어졌
지만, 잘 나가던 시절의 상징성은 그대로 남아 지배자들의 권력을 대변했던 것이지.

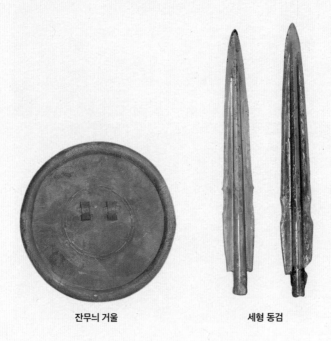

잔무늬 거울   세형 동검

여러 나라의 **정치와 사회 풍속은** 어떠했을까?

06

☐ 고조선 이후에 만주와 한반도에는 어떤 나라들이 있었나요?
☐ 부여 사람들은 어떻게 살았나요? ☐ 고구려 사람들은 어떻게 살았나요?
☐ 옥저와 동예 사람들은 어떻게 살았나요? ☐ 삼한은 제정이 분리된 사회였나요?

☐ 고조선 이후에 만주와 한반도에는 어떤 나라들이 있었나요?

고조선이 한나라에 망한 뒤 만주와 한반도 지역에는 철기 문화를 기반으로 여러 나라가 성장했어.

만주 쑹화강 유역의 넓은 평야 지대에서 부여가 성장하였으며, 졸본 지방에서는 부여에서 내려온 주몽에 의하여 고구려가 새롭게 탄생하였지. 함흥평야 지역에서는 옥저가, 강원도 해안가에서는 동예가 나타났어. 한편, 한반도 남부 지방에서는 고조선 유이민들이 밀려들어 오고 철기 문화를 받아들이면서 수많은 작은 국가들이 서로 결속하여 삼한^{마한, 변한, 진한}을 형성했지.

그러나 우리 역사책은 이들 나라들에 대해서 기록을 남기지 않았어. 따라서 여러 나라의 이야기는 단지 중국 역사책에 간략하게 기록된 내용을 바탕으로 복원할 수밖에 없어. 참으로 안타까운 일이지.

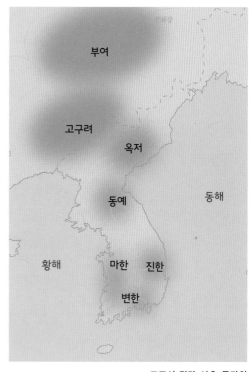

고조선 멸망 이후 등장한 여러 나라

☐ 부여 사람들은 어떻게 살았나요?

부여는 만주 일대를 중심으로 한 쑹화강 유역의 넓고 비옥한 평야 지대에서 농경과 목축을 하면서 성장했어. 족장의 명칭을 말馬, 소牛, 돼지猪, 개狗와 같은 가축의 이름을 붙여서 마가馬加, 우가牛加, 저가猪加, 구가狗加라고 한 것을 보면, 이 사회가 목축을 얼마나 중시했는지를 알 수 있지.

부여는 다섯 부족이 연합하여 나라를 구성한 연맹 왕국으로, 가장 강한 부족의 족장이 각 부족장의 동의하에 왕이 되어 나라를 이끌었어. 그러나 왕의 권력은 자기 부족을 다스리는 데 그칠 뿐, 각 부족은 족장이 관리하는 지방 분권제 사회였어. 홍수가 나거나 가뭄이 들면 왕이 그 책임을 져야 할 정도로 왕권이 미약했지. 우리가 일반적으로 생각하는 막강한 권력을 지닌 왕과는 사뭇 달라.

족장이 다스리는 지역을 '출도'라고 했는데, 족장이 마가, 우가, 구가, 저가 등 4명이어서 이들이 관장하는 지역을 '사출도'라 했어. 왕은

중앙을 다스리고 족장들은 4출도를 관장하는 5부족 연맹 사회를 형성하였던 거지.

부여에는 고조선의 8조법과 비슷한 법이 있었어. 살인자는 사형에 처하고 그 가족은 노비로 삼았으며, 남의 물건을 훔쳤을 때에는 물건 값의 12배를 배상하게 하고, 간음●하거나 질투가 심한 부인은 사형에 처했지.

풍속으로는 영고라는 제천 행사가 12월에 열렸어. 이때에는 하늘에 제사를 지내며 노래와 춤을 즐겼고, 죄수를 풀어 주기도 했어. 그리고 전쟁과 같은 국가 중대사가 발생하면, 하늘에 제사를 지내며 소를 죽여 그 발굽으로 좋고 나쁨을 점치기도 했어. 그러나 부여는 3세기 말에 선비족의 침략을 받아 쇠퇴하다가, 결국에는 고구려에게 멸망당하고 말았지.

간음 남편이 있는 여자(부인이 있는 남자)가 다른 남자(여자)와 성적 관계를 맺는 일을 말하나 부여에서는 여자에게만 벌을 주었다.

□ 고구려 사람들은 어떻게 살았나요?

고려 전기에 김부식이 지은 『삼국사기』에 의하면, 고구려는 기원전 37년 부여에서 내려온 주몽에 의해 건국되었어. 주몽은 부여 왕자들의 박해를 피해 자신을 따르는 무리를 이끌고 남쪽으로 내려와 동가강 유역의 졸본 지방●에 정착하여 나라를 세웠지. 그러나 졸본 지방은 산악 지대였기 때문에 힘써 농사를 지어도 자급자족을 할 수가 없었어. 따라서 고구려 사람들은 굶어 죽지 않으려면 옥저나 동예와 같은 주변 국가들을 쳐들어가서 양식을 빼앗아 올 수밖에 없었어.

고구려인은 말타기와 활쏘기를 잘했어. 훗날 고구려가 동아시아의 강대국으로 성장하게 된 것도 어렸을 때부터 길러 온 무술 실력에서 찾을 수 있지.

고구려의 사회 체제나 풍속은 부여와 비슷했어. 5부족 연맹체 사회

졸본 지방 고구려의 첫 수도로 추정되는 곳으로, 현재 중국의 랴오닝성 환런현 일대.

오녀 산성 졸본 지방에 위치한 고구려의 산성이다. 오녀 산은 산세가 험한 지형으로, 방어에 유리하게 지어진 산성으로 추정된다.

로 왕이 중앙을 다스리고 족장 세력인 상가, 고추가와 같은 '대가'들은 각기 자기 관할 구역을 다스렸어. 중대한 범죄자가 있으면 족장들의 회의 기구인 제가 회의에서 논의하여 사형에 처했고, 그 가족은 노비로 삼았어.

고구려의 결혼 풍속은 데릴사위제^{서옥제●}로, 이는 고구려가 노동력을 중시한 사회였음을 알려 주는 제도야. 왜냐고?

데릴사위제 결혼 후, 신랑이 처갓집에서 일을 해 주며 살다가 자식이 태어나서 성장하면 그때서야 아내를 데리고 자기 집으로 돌아가는 고구려의 독특한 혼인 제도.

생각해 봐. 남자가 결혼을 해서 여자를 바로 자기 집으로 데려가 버리면, 여자의 집은 중요한 노동력 하나를 잃게 되는 셈이지. 옛날에는 생산력이 높지 않아서 사람 하나하나의 노동력이 중요했어. 따라서 남자가 일정 기간 처갓집에 살면서 일을 해 주고 어느 정도 노동력 보상이 이루어지면, 아내를 자기 집으로 데려갈 수 있었던 거야.

매년 10월에는 곡식을 수확하게 해 준 것에 대한 감사로 하늘에 제사를 지냈는데, 이를 동맹이라 했어. 집집마다 부경이라는 창고를 가지고 있었는데, 이 창고는 지상에서 높이 설치되어 사다리를 타고 오르내렸어. 예전에 시골에 가면 간혹 볼 수 있는 원두막 형태로 지어진 곡물 보관 창고라고 할 수 있지.

가야의 창고 모양 토기 고구려의 부경도 이와 비슷한 모습이었을 것이다.

□ 옥저와 동예 사람들은 어떻게 살았나요?

옥저와 동예는 오늘날의 함경도와 강원도 북부의 해안가에 위치한 나라들이야. 두 나라는 소금과 해산물이 풍부했고, 토지가 비옥하여 곡식 농사가 잘되었어.

그러나 나라가 한쪽에 치우쳐 있어서 대륙의 선진 문물을 빨리 받아들일 수 없었고, 바로 옆에 싸움 잘하는 고구려가 버티고 있어서 크게 성장할 수 없었지. 따라서 옥저와 동예는 발전이 더뎌서 왕의 칭호를 사용하는 지배자가 없었어. '읍군'이나 '삼로'로 칭해진 족장이 각기 자기 지역을 다스렸지.

두 나라의 언어와 풍습은 고구려와 비슷했으나, 독특한 풍속이 없는 것은 아니었어. 옥저에는 민며느리제●라는 결혼 풍습과 가족이 죽으면 시체를 가매장했다가 나중에 그 뼈를 추려서 가족 공동 무덤에 다시 묻는 고유의 장례 풍습이 있었어. 무덤 입구에는 죽은 자의 양식으로 쌀을 담은 항아리를 매달아 놓기도 했지.

민며느리제 남녀의 나이가 어렸을 때 양쪽 집안이 두 사람의 장래를 약속했다. 이때부터 여자는 남자 집에 가서 성장하고 결혼할 시기가 되면 남자가 여자 집에 예물을 갖다 주고 장인 될 사람의 허락을 받은 후 정식으로 혼인했다. 일종의 매매혼으로 고구려의 데릴사위제처럼 노동력을 중시했기 때문에 나타난 제도이다.

동예에서는 다른 읍락을 침범해 경제활동을 하면 소나 말로 변상해야 돼.

금 밟아라. 밟아라.

꿍꿍이속을 누가 모를 줄 알고···

동예는 명주와 삼베를 짜는 방직 기술이 발달했어. 특산물로 단궁이라는 활과 키가 작은 말인 과하마, 바다표범의 가죽인 반어피가 있었지. 또한 동예에서는 매년 10월에 추수 감사제의 성격을 가진 무천이라는 제천 행사가 열렸어.

한편 동예에서는 결혼을 반드시 타 부족 사람과 해야 했는데, 이를 '족외혼'이라고 해. 또 동예에는 각 부족의 영역을 정해 놓고 타 부족의 영역을 함부로 침범하지 못하게 하는 '책화'라는 제도가 있었어. '족외혼'과 '책화'는 씨족 사회부터 이어져 내려온 풍속으로, 부족 국가인 동예에서 이러한 제도가 있었다는 것은 다른 부족 국가들보다 동예의 발전이 더뎠다는 것을 의미하지.

□ 삼한은 제정이 분리된 사회였나요?

삼한은 한반도의 남부 지방에 자리 잡고 발전했던 여러 작은 국가들의 연합체 국가인 마한, 변한, 진한을 합하여 부르는 이름이야. 기록에 의하면 마한은 54개의 소국으로 이루어졌으며, 총 호수가 10여 만 호에 달했다고 해. 진한과 변한은 각각 12개의 소국이 있었는데, 총 호수가 각 나라 당 4만 정도였대.

삼한 중에서 마한 세력이 가장 컸으며, 마한의 한 나라인 목지국의 지배자가 마한왕 또는 진왕으로 추대되어 삼한 전체를 주도해 나갔어. 왕의 지배력은? 아주 약했어. 마한왕은 대외적으로 삼한을 대표했을 뿐, 실제로는 족장들이 자기 부족을 독립적으로 다스렸지. 부족장의 명칭은 큰 부족의 족장은 '신지', 작은 부족의 족장은 '읍차'라 불렀어.

삼한에서 가장 특징적인 것은 다른 나라와는 달리 정치와 종교가 일찍부터 분리되어 있었다는 점이야. 정치권력을 가진 족장과 하늘에 제사를 지내는 천군이 따로 있었지. 천군이 사는 곳을 '소도'라고 했는데,

이곳은 족장의 권력이 미치지 못해서 죄인이 도망쳐서 숨더라도 잡을 수 없는 신성한 구역이었어.

경제 활동은 벼농사 위주로 농업이 발달하여 매년 씨를 뿌리고 난 뒤인 5월^{수릿날}과 곡식을 거두어들이는 10월에 제천 행사를 열어 하늘에 제사를 지냈어.

변한의 무덤에서 발굴된 철 (덩이쇠)

한편, 낙동강 하류와 남해안 지역에 위치한 변한은 철의 생산이 많았어. 변한은 한의 군현과 일본 등지에 철을 수출했고, 이를 화폐처럼 물자를 교역하는 데 사용하기도 했어.

우리나라 사람들이
춤과 노래를 좋아하는 이유는?

우리나라 사람들은 노래를 무척 즐기는 편이지. 전국 방방곡곡 어디에나 노래방이 있으며, 그 노래방들이 꾸준히 유지되는 것을 보면, 우리 민족의 노래 사랑은 세계 어디에 내놓아도 빠지지 않을 거야. 어디 노래뿐인가? 춤 또한 무척 좋아하지. 요즘 아이돌 그룹의 K팝이 문화 상품으로 떠오르면서 세계를 휩쓰는 것을 보면, 정말 우리 민족의 몸속에는 노래와 춤을 좋아하는 유전자가 따로 있는 것 같아.

그런데 우리가 춤과 노래를 좋아하는 것은 다 조상님들 탓(?)이라고 할 수 있어. 그 역사가 매우 깊지. 중국 역사책에 부여, 고구려, 삼한의 풍속을 기록하면서 빠지지 않고 들어간 내용이 '음주가무를 즐긴다'는 거야.

"언제나 5월이 되어 씨뿌리기가 끝나면, 신에게 제사를 지내고 밤낮으로 술 마시고 놀면서 여럿이 모여 춤추고 노래했다. 한 사람이 춤을 추면, 수십 명이 일어나서 뒤를 따라가며 구부렸다 치켜들었다 하면서 함께 춤을 추었다. 10월이 되어 농사 일이 끝나면, 또 다시 이와 같이 논다."

삼한 사람들이 제천 행사를 지내며 노는 장면을 중국 역사가가 적어 놓은 것이야. 이 글만 보더라도 우리 민족이 춤과 노래를 좋아하는 것은 오랜 전통임을 알 수 있지.

부족 연맹체의 특징

부여의 족장 이름은 마가, 우가, 구가, 저가.

동물의 이름을 따서~

5부족 연맹체이다 보니 왕권이 미약했다.

맞춰 가려니 힘드네~

12월에는 '영고'라는 제천 행사가 열렸다.

하늘이시여~

고구려는 5부족 연맹체였고

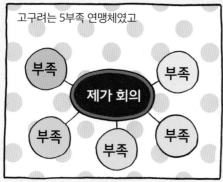

부족

부족

제가 회의

부족

부족

부족

결혼 풍속으로 '데릴사위제'가 있었다.

얼른 도와주고 우리 집에 데려 가야지···

옥저와 동예는 각각 결혼 제도로 '민며느리제'와 '족외혼'을 실시했고

찜!

결혼은 반드시 다른 부족과 할 것!

동예

삼한(마한, 진한, 변한)은 정치와 종교가 분리되었다.

족장 따로!

정치 종교

천군 따로!

2 삼국과 가야가 서로 경쟁하며 발전하다

고구려는 **어떻게** 동아시아 **최강자로** 군림할 수 있었을까?

☐ 고구려는 어떻게 나라의 기틀을 마련했나요? ☐ 고구려는 언제 중앙 집권 국가로 발전하였나요? ☐ 고구려에 시련은 없었나요? ☐ 고구려의 전성기는 언제 시작되었나요? ☐ 고구려는 어떻게 동아시아 최강국이 되었나요? ☐ 고구려는 왜 멸망했나요?

☐ 고구려는 어떻게 나라의 기틀을 마련했나요?

고구려, 백제, 신라 중에서 가장 먼저 고대 국가의 모습을 갖춘 나라는 어디일까?

고구려!

그래 맞아. 그런데 고구려를 세운 세력은 부여에서 내려온 이주민들이었다고 하던데, 정말일까? 그래, 그것도 맞는 말이야.

고구려를 세운 사람은 주몽이었어. 『삼국사기』에 의하면 주몽은 하늘신의 아들인 해모수의 아들로, 부여의 권력 투쟁 속에서 자기 세력을 모아 졸본 지방으로 이동한 후 토착민들과 힘을 합해 나라를 세웠어.

주몽의 고구려 건국 이야기를 『삼국사기』에 나와 있는 그대로 옮겨보면 다음과 같아.

동부여에서 해부루가 죽자, 금와가 왕위에 올랐다. 금와는 사냥에 나섰다가, 백두산 남쪽 우발수에서 유화라는 여인을 만났다. 유화는 물을 관장하는 신인 하백의 첫째 딸이었는데, 해모수의 유혹에 빠져 아버지의 허락도 받지 않고 혼인해 버려 하백의 노여움을 샀다. 결국 궁궐에서 쫓겨나 살고 있었는데, 금와는 이를 이상히 여겨 유화를 대궐로 데려왔다.

그런데 유화의 몸에는 항상 햇빛이 따라다녔다. 얼마 후 유화는 큰 알을 낳았다. 당황한 금와가 알을 내다 버렸으나, 온갖 새들이 날아와 깃털로 감싸 주었다. 이 알에서 아이가 태어났는데, 어려서부터 활을 잘 쏘아 주몽이라고 불렀다. 금와의 일곱 아들들은 영특하고 비범한 주몽을 질투해 죽이고자 했다. 이에 주몽은 어머니 유화 부인의 권유를 받아 오이, 마리, 협부 3인의 부하와 함께 도망쳤다. 그들은 임호수를 신통하게 건너 모둔곡에서 재사, 모록, 복거 등과 함께하여 졸본천에 이르렀다. 이곳을 도읍으로 정하고 고구려라 했다.

이후 주몽의 뒤를 이은 고구려 왕들은 압록강 중류의 국내성^{통구 지방}으로 도읍지를 옮겨 옥저, 동예 등 주변 나라들을 정복하며 평야 지대로 진출했어. 여기에 부단히 중국과 싸우면서 용맹하고 강인한 동아시아 최강 국가로 성장해 갔어.

국내성의 현재 모습. 중국 지린성 지안현 소재.

□ 고구려는 언제 중앙 집권 국가로 발전하였나요?

일반적으로 국가의 발전 단계는 군장이 자기 부족을 다스리는 군장 국가에서 몇 개의 부족이 연합하여 가장 강한 부족의 군장이 왕이 되는 연맹 왕국 체제를 거치게 돼. 그러다가 모든 권력이 왕에게 집중되고 군장 세력들은 왕의 신하로 전락하는 중앙 집권 국가로 변천되지.

여기서 잠깐, 깜짝 질문!

중앙 집권 국가로 변모되는 과정에서 군장들의 반발은 없었을까?

물론 있었지. 그러나 권력의 중심이 왕에게로 이동하는 상황에서 군장들은 살아남기 위해서라도 왕에게 충성을 맹세해야 했을 거야.

왕에게 권력이 집중된 이유는? 이 질문에 답하기 위해서는 청동기 시대로 접어들면서 정복 전쟁이 시작되었고, 철기 시대에는 더 치열하게 각 나라들이 땅 따먹기 전쟁을 치렀다는 것을 먼저 이해해야 해. 전쟁은 왕의 지휘로 이루어졌고, 이 과정에서 권력은 점차 왕에게 집중되었던 거지.

우리 역사에 등장하는 나라들 중 군장 국가 단계에 해당하는 나라는 고조선이야. 고조선의 뒤를 이어 나타나는 부여, 고구려는 연맹 왕국 단계의 국가들인데, 이 두 나라는 각기 운명이 달랐어. 부여는 고구려와 백제의 원조가 되는 나라이지만, 연맹 왕국 단계에서 고구려에게 멸망했지. 이에 반해 고구려는 주변 국가들을 복속하는 과정에서 중앙 집권 국가로 성장했어.

그럼 부여, 고구려와 같은 시대에 있었던 옥저, 동예, 삼한은 어떻게 되었을까? 이 나라들은 군장 국가 단계의 나라들이었는데, 옥저와 동예는 강한 고구려의 등쌀에 기를 펴지 못하고 움츠려 살다가 결국은 고구려에 합병되고 말았지.

삼한은? 세 나라가 각기 달랐어. 마한 지역은 한강 유역의 작은 나라로 출발한 백제에 의해 장악되어 중앙 집권 국가로 성장했어. 진한은 경주 지역에서 성장한 사로가 중앙 집권 국가 체제인 신라로 발전하며, 진한의 여러 나라들을 합쳐 버렸어. 변한 지역에서는 가야가 성장하였는데, 가야는 애석하게도 중앙 집권 국가 체제로 발전하지 못하고 연맹 왕국 단계에서 멸망했어.

□ 고구려에 시련은 없었나요?

고구려가 중앙 집권 국가의 모습을 갖춘 것은 2세기 태조왕 때였어. 태조왕은 옥저와 동예를 복속하고 랴오둥 지방으로 진출을 꾀하는 등 활발한 정복 전쟁을 벌였어. 그리고 이 과정에서 계루부 출신의 고씨가 왕위를 독점적으로 세습할 정도로 왕권이 강화되었지.

중앙 집권 국가로 발전하는 과정에서 고구려에 시련은 없었을까?

그랬을 것 같다고?

천만의 말씀. 어찌 한 나라가 강대국으로 발전하는 데 시련이 없었겠어? 강철도 두들겨 맞으면서 더 강한 철이 되듯이 고구려도 시련기를 거치면서 강대국으로 성장한 거야.

3세기 전반, 중국이 위조조가 세운 나라, 촉유비가 세운 나라, 오손권이 세운 나라 삼국으로 분열되어 대립하고 있었어. 고구려의 동천왕은 '기회는 이때다' 하고 랴오둥 지역으로 영역을 넓히기 위해 당시 위나라 땅이었던 압록강 하류의 서안평을 공격했어. 하지만 오히려 위나라 장수 관구검의 역공을 받아 수도인 국내성을 빼앗기고 왕 자신은 함경도 땅까지 피란 가야 했어. 물론 팽창 정책이 성공을 거둔 적도 있긴 했어. 4세기 전반 미천왕은 낙랑군●을 전격적으로 점령하여 고조선 멸망 이후 중국에 빼앗겼던 대동강 유역을 400여 년 만에 되찾기도 했어. 그러나 이러한 사례는 일시적 현상에 불과했고 4세기 중반 고국원왕 때는 서쪽에 있던 선비족이 세운 전

낙랑군 한나라가 고조선을 멸망시킨 후, 고조선 영토에 세운 한사군 중 가장 늦게까지 있었던 군. 평양 부근이 낙랑군의 중심지였다.

연의 침략에 시달렸으며, 백제 근초고왕의 공격을 받아 평양에서 전투를 치르던 왕이 전사하기까지 했어[371].

□ 고구려의 전성기는 언제 시작되었나요?

고국원왕의 전사로 고구려는 팽창 정책을 전면적으로 수정할 수밖에 없었어. 4세기 후반 소수림왕은 팽창 정책을 일시 중단하고 나라 발전을 위한 내부 개혁을 서둘렀어.

중국으로부터 불교를 받아들여 왕실의 권위를 높이고 백성들의 사상 통일을 꾀했으며, 국립 대학인 태학을 설치하여 인재 양성의 기반을 구축했어. 또한 율령●을 반포하여 국가 조직 체제를 확고하게 만들었

율령 고대의 법률로 '율'은 형벌을 규정한 형법이고, '령'은 율을 집행하는 행정법이다.

어. 이러한 소수림왕의 개혁은 고구려의 중앙 집권 체제를 강화시켜서 강대국으로 나아가는 발전의 토대를 마련해 주었고, 이를 바탕으로 광개토 대왕과 장수왕 때에 전성기를 구가할 수 있었지.

□ 고구려는 어떻게 동아시아 최강국이 되었나요?

한마디로 말해서 5세기는 고구려의 시대였다고 해도 지나친 말이 아니야.

지안 중국의 지린성 지안현. 고구려의 두 번째 수도인 국내성이 있던 곳으로 한때는 '통구'라고 불렸다.

4세기 말, 18세의 나이로 왕위에 오른 광개토 대왕은 강력해진 국력과 뛰어난 전술을 바탕으로 대대적인 정복 활동을 전개하여 고구려의 전성시대를 열었어. 그의 업적이 만주 지안●에 우뚝 서 있는 광개토 대

왕릉비에 기록되어 있는데, 이 비의 내용을 살펴보면 그가 얼마나 위대한 '땅 따먹기 챔피언'이었는지를 알 수 있지.

일단 그는 4만의 군대로 남쪽의 백제를 공격하여 임진강 일대를 차지한 후, 나중에 다시 공격하여 한강 이북의 땅을 모두 접수했어. 서북쪽으로는 선비족이 세운 후연을 격파하여 오랜 숙원이었던 랴오둥 지방을 모두 고구려 땅으로 삼았지. 그리고 5만의 군사를 신라에 보내 신라 영토를 침범해 온 왜군을 낙동강 유역에서 물리쳤으며, 그 여세를

고구려의 영토 확장

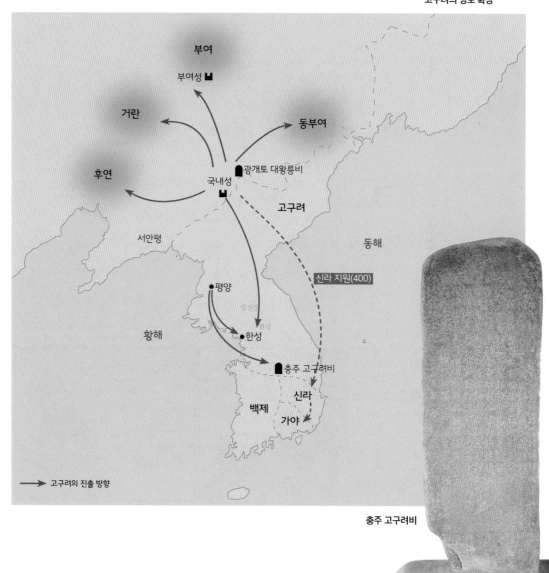

부여
부여성
거란
동부여
후연
국내성
광개토 대왕릉비
고구려
서안평
동해
신라 지원(400)
평양
황해
한성
충주 고구려비
신라
백제
가야

→ 고구려의 진출 방향

충주 고구려비

몰아 북쪽의 부여와 말갈을 복속하여 대제국을 건설했어.

광개토 대왕의 업적은 고스란히 아들 장수왕에게 이어졌어. 이름만큼이나 오래 산 장수왕은 중국의 정세 변동에 능동적으로 대처하여 중국의 남쪽과 북쪽에 있던 나라들과 동시에 교류하면서 고구려의 위상을 높여 나갔어. 그리고 수도를 국내성에서 평양성으로 옮겨 남하 정책을 추진하여 서쪽으로는 한강 이남의 아산만에서 동쪽으로는 죽령에 이르는 대영토를 확보하였어. 이 과정에서 장수왕은 백제의 수도인 한성을 함락시키고 개로왕을 죽임으로써, 백제 근초고왕에게 죽은 고국원왕의 원한을 풀어 주기도 했어.

충청북도 충주시 가금면 용전리 입석 마을에 가면 예전에 마을 사람들이 빨래판으로 쓰던 비석이 하나 서 있어. 충주 고구려비로 알려진 이 비석은 국내에 남아 있는 유일한 고구려비로, 장수왕의 남하 정책이 성공적으로 이루어졌음을 알려 주는 기념비야.

□ 고구려는 왜 멸망했나요?

5세기에 전성기를 맞았던 고구려는 6세기로 접어들면서 정치적 혼란에 빠졌어. 6세기 전반에 안장왕이 귀족들에게 피살당하고, 그 동생 안원왕이 왕위를 계승하면서 귀족 세력이 왕위 계승에 관여하기 시작했

지. 이 과정에서 정치의 주도권은 자연히 국왕으로부터 귀족에게 넘어가게 되었고, 귀족들의 이전투구 속에 왕권은 약화될 수밖에 없었어. 이러한 국내 사정 때문에 고구려는 대외적으로 적극성을 보일 수 없었고, 밑에서 치고 올라오는 신흥 강국 신라에게 한강과 원산만 이남 지역을 빼앗기는 수모를 당하기까지 했어.

6세기 말에서 7세기 전반에 치러진 수·당과의 전쟁도 고구려의 힘을 약화시키는 데 큰 역할을 했어. 6세기 말에 수의 침입으로 시작된 전쟁은 초기에는 고구려 귀족들이 일치단결하여 수의 침략을 효과적으로 막아 냈어. 그러나 수나라를 멸망시키고 중국을 장악한 당과의 전쟁이 장기전으로 접어들면서 귀족 세력은 강경파와 온건파로 나뉘어 서로 주도권 다툼을 벌였어. 이러한 때에 대당 강경파인 연개소문이 쿠데타를 일으켜 정권을 장악했지. 연개소문은 대막리지●가 되어 당과의 전쟁을 주도하면서 당의 침략을 격퇴할 수 있었어. 허나 여러 번에 걸쳐 치러진 당나라와의 전쟁은 고구려의 힘을 점차 약화시켰어. 결국 연개소문이 죽고 난 후 내부 분열이 심해지더니 668년에 신라와 당의 연합군에 의해 고구려는 지구상에서 사라지고 말았어.

대막리지 행정과 군사권을 한꺼번에 장악한 고구려의 최고 관직. 임무를 감당할 인물이 있을 때만 부여한 관직으로 연개소문이 최초였다.

천안 국학원 내에 있는 연개소문(617~666) 동상.

광개토 대왕릉비의 비문이
말하고자 하는 진정한 뜻은?

압록강 중류 지역에 있는 지안은, 평양으로 수도를 옮기기 전까지 약 400년 동안 고구려의 도읍지였던 곳이야. 그곳에는 높이 6.4미터의 광개토 대왕릉비가 우뚝 서 있지. 이 비는 광개토 대왕의 아들 장수왕이 아버지의 업적을 기리기 위하여 414년에 세운 것으로, 1800여 자의 비문이 새겨져 있어.

비문은 먼저 고구려의 건국자 추모성왕주몽의 신비로운 출생과 건국 과정을 적고, 이어서 광개토 대왕의 영토 개척을 연도별로 기록하고 있어. 그리고 마지막에 광개토 대왕릉을 지키고 관리하는 관리인들에 대한 규정을 담고 있지.

그런데 이 비석에는 고구려의 국가관을 엿볼 수 있는 문장이 들어 있어 우리의 관심을 끌고 있지. 광개토 대왕 시절에 고구려가 직접 지배했던 영토와 조공을 받았던 주변 나라들까지 포함하여, 고구려가 천하의 중심이라고 적고 있어. 이러한 국가관은 당시 고구려가 막강한 군사력을 바탕으로 동아시아 최강국으로 군림했음을 보여 주는 중요한 단서가 되지.

그뿐만 아니라 이 비에서는 고구려의 주체 의식을 엿볼 수 있기도 해. 그래서 일제 강점기 때 독립 운동가이자 민족주의 역사가인 단재 신채호는 일찍이 우리 역사를 알려면 『삼국사기』를 만 번 읽는 것보다 고구려 유적을 한번 답사해 보라고 말했어. 어때? 공감이 가니?

광개토 대왕릉비. 중국 지린성 지안현 소재.

내 키의
4배!

☐ 백제를 세운 사람들이 고구려에서 내려왔나요? ☐ 백제의 전성기는 언제였나요?
☐ 백제는 5세기로 접어들면서 왜 세력이 약화되었나요?
☐ 백제를 중흥의 길로 이끈 임금은 누구인가요? ☐ 백제가 멸망한 까닭은 무엇인가요?

☐ 백제를 세운 사람들이 고구려에서 내려왔나요?

『삼국사기』에 백제가 만들어질 당시의 정세를 나타낸 기록이 있어.

> 백제의 시조 온조왕은 그 아버지가 추모주몽이다. 주몽은
> 동부여에서 난리를 피하여 졸본 지역으로 도망쳐 왔다. 주몽
> 은 졸본에서 새 왕비를 맞아들여 두 아들을 낳았는데, 큰 아
> 들이 비류이고 그다음이 온조였다. 그러나 주몽이 동부여에

있을 때 예씨 부인에게서 낳은 아들인 유리가 찾아와서 태자가 되었다. 비류와 온조는 태자에게 용납되지 못할까 염려하여 오간, 마려 등 열 사람의 신하와 더불어 남으로 떠나니, 그를 따르는 백성들이 많았다. 무리들은 하남 땅에 정착하려 했으나, 비류는 바닷가에 살고 싶었다. 그래서 비류는 미추홀인 천 부근에 자리를 잡았다. 온조는 하남 위례성에 도읍을 정하고 십제열 신하의 보좌를 받았으므로라 했다. 비류가 정착한 미추홀은 토지가 습하고 물맛이 짜서 사람이 살기에 적당하지 않았다. 비류는 다시 위례성으로 돌아왔으나 얼마 지나지 않아 죽었다. 이에 비류를 따르던 백성들은 모두 온조에게 합류하였다. 온조가 처음 위례성으로 올 때 백성이 즐겨 따랐다 하여 그 뒤 나라 이름을 백제로 고쳤다. 온조는 고구려와 한 가지로 부여에서 나왔기 때문에 부여를 성씨로 삼았다.

몽촌토성 목책 몽촌토성은 백제 초기에 세운 하남의 위례성으로 추정된다. 서울 송파구 소재.

이 사료에 의하면 백제를 건국한 온조는 고구려를 세운 주몽의 아들이야. 또한 백제 건국을 주도한 세력은 고구려에서 내려온 사람들이었어. 여기에 주몽 세력이 부여 계통이기 때문에 백제의 건국 세력도 부여계임을 자연스럽게 파악할 수 있어.

그렇다면, 백제는 어떤 과정을 거쳐 중앙 집권 국가로 발전하였을까? 백제의 성장 과정은 투쟁의 연속이었어. 위로는 중국 군현 세력과 싸워야 했고, 아래로는 마한의 다른 소국들과 치열하게 다퉈야만 했어. 이러한 백제가 나라의 기틀을 마련한 것은 3세기 중엽 고이왕 때였지.

고이왕은 마한의 중심 국가였던 목지국을 병합하여 한반도 중부 지역을 확보했어. 그리고 안으로는 부족장 세력을 중앙 귀족으로 편입시키기 위하여 좌평*제를 실시하였고, 16관등으로 관직 체제를 정비하였어. 또한 관리들의 직급에 따라 입는 옷의 색깔을 정했으며, 율령을 반포하여 중앙 집권 국가의 모습을 갖추었지.

좌평 백제의 16관등 중 제1관등으로 왕명 출납을 담당했던 내신좌평, 재정을 담당했던 내두좌평 등 6명의 좌평을 두었다. 현재 우리나라 행정 체제로 보면 '장관'에 해당한다.

□ 백제의 전성기는 언제였나요?

고구려와 백제, 두 나라 중 전성기가 빨랐던 국가는 어디일까?

언뜻 생각하면 중앙 집권 국가 체제로의 전환이 빨랐던 고구려일 것 같지? 그러나 예상외로 전성기는 백제가 빨랐어.

백제는 고이왕의 발 빠른 제도 개혁을 바탕으로 4세기 후반 근초고왕 때 전성기를 맞이하였어. 근초고왕은 왕위의 부자 상속을 이루었고, 북으로는 황해도 일대를 장악했으며 남으로는 마한 전역을 확보하여

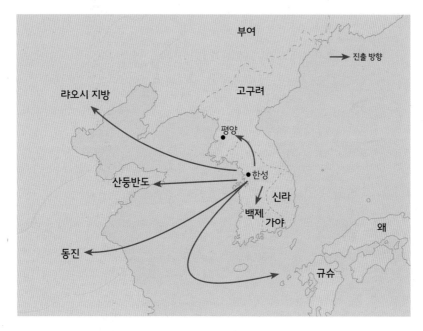

4세기 백제의 대외 관계

전라도 해안까지 진출하였어.

왕위가 아버지에서 아들로 세습되었다는 건 귀족들의 세력보다 왕의 세력이 한층 강화되었음을 의미하지. 따라서 부자 상속제의 실시는 왕이 나라의 중심으로 확실히 자리 잡았음을 알려 주는 중요 요소야.

근초고왕 시대에는 국제적 지위도 한층 높아져서 중국의 동진, 가야, 왜와 외교 관계를 맺어 고구려를 견제했으며, 중국의 랴오시·산둥 지방과 일본의 규슈 지방까지 진출하여 활동 무대를 해외로 넓혔어.

뒤를 이어 침류왕 때에는 중국으로부터 불교를 받아들여384년 왕실의 권위를 높이고 사상 통일을 기했어.

칠지도 백제의 우수한 철기 문화를 상징하는 칠지도. 일본의 국보로 나라현 석상신궁에 보관되어 있다. 좌우에 각각 3개씩 가지 모양의 칼날이 나와 있는 특이한 형태로 길이가 74.9cm의 칼이다. 칼 몸체에 '백제왕이 왜왕에게 보낸다.'라는 글이 새겨져 있다.

나·제 동맹 신라와 백제가 고구려의 남하 정책에 대항하기 위하여 433년에 맺은 동맹.

□ 백제는 5세기로 접어들면서 왜 세력이 약화되었나요?

5세기로 접어들면서 백제의 힘이 약화된 데에는 고구려의 영향이 절대적이라고 할 수 있어. 고구려 장수왕은 수도를 평양으로 옮기고 백제와 신라의 땅을 빼앗기 위한 남하 정책을 추진했어. 이에 위기의식을 느낀 백제와 신라는 나·제 동맹*을 맺어 고구려에 대항했지. 그러나 두 나라가 힘을 합쳐도 장수왕의 막강한 군대를 막아낼 수는 없었어. 결국 백제의 수도인 한성이 함락되었어. 이때 개로왕은 고구려 군사에게 사로잡혀 죽음을 당했고, 백제는 눈물을 머금고 수도를 웅진공주으로 옮겨야 했어.

웅진에서의 백제는 정치의 주도권이 귀족에게 넘어가 왕권이 약화되었고, 사회 또한 혼란스러웠어. 이러한 때에 백제의 부흥을 꾀한 임금이 있었으니, 그가 바로 5세기 후반에 임금이 된 동성왕이야. 동

공산성 백제가 고구려의 침략으로 수도를 웅진(충남 공주)으로 옮기면서 쌓은 성. 웅진은 538년 성왕이 수도를 사비(충남 부여)로 옮기기 전까지 64년간 백제의 도읍지였다.

성왕은 신라 왕실과 혼인 관계를 맺어 동맹을 더욱 강화하여 고구려의 침략에 적극 대응하는 한편, 국력 회복에 힘썼어. 6세기 초반 무령왕은 중국 남조의 양●과 국교를 맺어 문화 교류를 했으며, 지방의 요충지에 설치된 담로●를 정비하여 왕족을 파견, 지방 통제를 강화하면서 국력을 점차 회복했지.

양 梁 6세기 초반에서 중반까지 중국의 남쪽 지역을 통치했던 나라. 백제와 문물 교류를 많이 했다.

담로 지방에 설치한 행정 구역. 22개의 담로를 전국의 주요 지역에 설치하여 왕자나 왕족을 파견했다.

☐ 백제를 중흥의 길로 이끈 임금은 누구인가요?

절망에 빠져 있던 백제에게 우리도 할 수 있다는 희망을 심어 준 임금이 있었어. 누구일까?

성왕?

그래 맞아. 그런데 성왕이 백제에게 희망만 주었을까? 꼭 그런 것만은 아니었어. 6세기 전반에 임금이 된 성왕은 백제에게 희망과 좌절을 한꺼번에 가져다주었어. 그는 결단력이 뛰어난 군주로, 수도를 비좁은 웅진에서 넓은 평야를 끼고 있는 사비^{부여}로 옮겨서 국력이 되살아났음을 대내외에 알리며, 왕권 강화를 꾀하였지. 중앙에는 22개의 관청을 설치하고 수도를 5부, 지방을 5방으로 나누어 왕이 직접 중앙과 지방 행정에 관여하였어. 또한 불교를 장려하고 중국과 문물을 교류히였으며, 왜와도 우호 관계를 돈독히 하여 불교를 비롯한 여러 문물을 전해 주는 등 내부 개혁과 대외 활동을 활발히 전개하여 나라를 부흥시켰지.

한편, 성왕은 신라의 진흥왕과 힘을 합하여 고구려 장수왕에게 빼앗긴 한강 유역을 되찾으려 했어. 고구려로부터 한강 유역을 되찾으면, 신라는 남한강 상류 지역을, 백제는 한강 하류 지역을 사이좋게 나눠 갖기로 했지. 한강 하류 지역은 본래 백제 땅이었으니까 백제의 입장에서 보면, 장수왕에게 빼앗긴 옛 영토를 다시 되찾을 수 있는 좋은 기회였어.

드디어 백제와 신라 연합군은 고구려를 상대로 전투를 벌였어. 이 싸움에서 나·제 동맹군이 고구려군을 물리쳤어. 그러나 믿었던 신라가 배신을 하고 말았어. 신라 진흥왕이 한강 하류 지역까지 신라 땅으로 만들어 버린 거지. 성왕은 어떻게 했을까? 가만히 있지는 않았겠지. 화가 머리끝까지 치밀어 오른 성왕은 친히 군사를 이끌고 신라를 공격했어. 그러나 관산성^{충북 옥천} 싸움에서 전사하여 백제 중흥의 뜻을 이루지 못하고 하늘나라로 올라가야 했어. 이로써 5세기 전반에 고구려 장수왕의 남하 정책을 막고자 맺은 나·제 동맹은 120여 년 만에 깨지고 말았지. 성왕의 죽음 이후 백제는 오히려 고구려와 손을 잡고 신라를 상대로 치열한 싸움을 전개해 나갔어.

□ 백제가 멸망한 까닭은 무엇인가요?

성왕의 죽음 이후 백제에서는 다시 귀족들이 정치의 전면에 등장했어. 왕권은? 불안정해졌지. 이러한 때에 임금이 된 무왕은 귀족들의 정

복원된 미륵사지 석탑(위)과 해체·보수 과정에서 나온 사리 항아리(아래).

치 운영에 제동을 걸고자 했어. 그래서 그는 자신의 세력 기반인 전라북도 익산에 미륵사를 창건하고 익산으로 수도를 옮겨 왕권을 재확립하려 했어. 그러나 그의 의도는 사비 지역을 중심으로 성장한 귀족들의 반대로 실패하고 말았어.

무왕의 뒤를 이은 의자왕은 집권 초기에 강력한 왕권 강화 정책을 시행하여 힘 있는 귀족들을 추방하고, 억울하게 옥에 갇힌 죄수를 석방하는 등 백성들의 생활을 안정시키는 정책을 폈어. 그리고 국내 정치의 안정을 바탕으로 본격적인 신라 공격에 나섰어. 이 시기에 백제는 신라의 요충지인 대야성경남 합천을 비롯한 40여 개

당성 현재 경기 화성시 서신면 상안리에 있는 성으로 신라에서 당나라로 가는 대표적인 항구였다. '당항성'이라고도 한다.

의 성을 빼앗았고, 신라의 대당 교통로를 끊기 위해 고구려와 함께 당성*을 공격하기도 했어.

백제의 강력한 신라 공격은 신라로 하여금 당나라와 동맹 관계를 맺는 촉매제가 되어 신라 왕족 김춘추*훗날 태종 무열왕는 당에 건너가 비밀 협약을 맺고 돌아왔어. 김춘추에게 백제는 국가적으로 반드시 멸망시켜야 할 적국임과 동시에 개인적으로도 용서할 수 없는 원수 나라였어. 신라 영토였던 대야성이 함락당할 때에 백제 군사들은 대야성 성주인 김품석과 그 부인을 죽였어. 그런데 그들은 김춘추의 사위와 딸이었어.

핏줄이 살해당한 한을 가슴 깊숙이 간직한 김춘추는 다른 나라와 연맹을 맺어 백제와 싸우려 했고 먼저 고구려에 동맹을 제안했지. 하지만 고구려를 이끌던 연개소문은 이를 거절했어. 김춘추는 좌절하지 않고 당으로 다시 발길을 돌렸어. 당은 오랫동안 고구려와 전쟁을 했지만 모두 실패해서 체면이 말이 아니었지. 이런 상황에서 신라가 먼저 손짓을 해 오니, 옳다 좋다 하고 달려들었어. 양국은 비밀 협약을 맺어 동맹 관계를 형성했지. 이때 양국이 맺은 협약의 내용은 '나·당 연합군이 백제와 고구려를 멸망시킨 다음, 대동강 이북의 땅은 당이 차지하고 신라는 대동강 남쪽을 차지한다'는 것이었어.

신라는 이후 나·당 연합군을 결성하여 백제를 상대로 전쟁을 시작했어. 이 전쟁에서 백제는 황산벌*을 거쳐 올라오는 신라군과 금강 하류 기벌포를 통해서 올라오는 당군을 상대로 싸웠으나, 방어에 실패해 멸망하고 말았지. 이때가 660년이었어.

황산벌 충남 논산시 연산면 일대의 넓은 들. 이 들판에서 계백이 이끄는 5천의 백제 결사대와 신라 김유신의 부대가 치열하게 싸웠다.

백제가 망할 때 정말 삼천 궁녀가 낙화암에서 떨어졌을까?

백제의 마지막 수도였던 충남 부여에 가면 부소산이 있어. 그 서편 언덕에 백제 멸망의 한을 담고 있는 바위가 있으니, 바로 낙화암落花岩이지. 우리말로 풀어쓰면 꽃花들이 떨어진落 바위岩야. 백제가 망할 때 이 바위에서 백제의 궁녀 삼천 명이 떨어져 죽었다고 하지.

그런데, 정말 그랬을까? 역사가들은 삼천 궁녀 이야기는 과장되었다고 생각하고 있어. 당시 백제의 국력으로 보았을 때, 삼백 명 정도라면 모를까, 궁궐 안에 삼천 명의 궁녀가 있었다는 것은 무리라는 거지.

그렇다면 왜 삼천 궁녀 이야기가 전설로 남게 되었을까? 그것은 백제의 멸망을 더욱 애절하게 느끼게 하고, 의자왕이 여자들만 좋아하는 등 부패하고 타락하여 백제가 멸망했음을 강조하기 위해 후세 사람들이 과장해서 지어낸 이야기라고 보는 견해가 많아.

낙화암 백제 멸망의 아픔을 간직한 곳으로, 충남 부여에 있다. 앞에 흐르는 강은 금강이다.

백제의 흥망성쇠

09

약소국 신라는 어떻게 강대국의 기반을 다졌을까?

□ 신라의 성립과 중앙 집권화 과정은?　□ 신라는 어떻게 강대국이 될 기반을 다졌나요?
□ 신라는 삼국 간의 전쟁에서 어떻게 우위에 서게 되었나요?

□ 신라의 성립과 중앙 집권화 과정은?

삼국 중 가장 발전이 늦은 나라는?

신라.

그래 맞아. 신라가 중앙 집권 국가의 모습을 갖춘 것은 4세기 후반 내물왕 때였어. 따라서 태조왕[2세기]과 고이왕[3세기] 때 중앙 집권 국가로 성장한 고구려, 백제에 비하면 신라의 중앙 집권화 과정은 늦어도 한참 늦었어.

그런데 왜 신라는 다른 나라보다 발전이 늦었을까? 신라가 성립된 곳은 경주의 평야 지대로, 한반도의 동남쪽에 치우쳐 있었어. 따라서 신라는 중국의 선진 문물을 받아들이기가 쉽지 않았어. 여기에 신라는 박씨, 석씨, 김씨 세 부족을 비롯한 6개 부족이 연합하여 이루어진 나라여서 국가 통합이 늦을 수밖에 없었지.

이런 신라가 내물왕 때는 각 지역의 부족장들을 경주로 들어오게 하여 중앙 귀족화시켰고, 진한의 여러 나라를 정복하여 낙동강 유역까지 영토를 확장했어. 그리고 김씨의 왕위 세습권을 확립하였지. 또한 왕의 명칭도 대군장이라는 뜻을 가진 마립간*으로 바꾸었어.

고구려나 백제가 일찍부터 중국식 지배자의 명칭인 '왕'을 사용한

마립간 마립간 사용 이전에는 이사금이란 왕호를 사용했다. 이사금은 '연장자'라는 뜻으로, 단순히 왕의 자리를 잇는다는 의미이다. 그러나 마립간은 우두머리를 뜻하는 왕호로 왕의 권한이 그만큼 강해졌음을 상징적으로 나타낸다.

데 반하여, 신라는 오랜 기간 동안 독자적인 왕호를 사용하였어.

1대 박혁거세는 신령한 제사장의 의미를 지닌 '거서간'을, 2대 남해는 세·징 일치 시대의 군장을 뜻하는 '차차웅'을, 3대 유리부터는 연장자, 계승자를 뜻하는 '이사금'을, 17대 내물왕 때부터는 우두머리를 뜻하는 '마립간'을 왕호로 사용했어.

□ 신라는 어떻게 강대국이 될 기반을 다졌나요?

내물왕 때의 신라는 고구려의 도움을 많이 받았어. 신라 영토로 쳐들어온 왜구를 광개토 대왕의 도움으로 물리칠 수 있었고 중국의 전진에 사절단을 보내 중국과 교역을 할 수 있었던 것도 고구려가 도와주었기 때문에 가능한 일이었지.

그러나 장수왕이 등장하면서 신라와 고구려는 협력 관계에서 적대 관계로 바뀌었어. 장수왕은 평양으로 수도를 옮기고 남하 정책을 추진하였어. 남하 정책이란 고구려가 백제와 신라의 영토를 빼앗으려는 정책을 말해.

신라가 가만히 앉아서 자기 땅을 빼앗길 리 없었겠지. 신라는 백제와 손을 잡고 나·제 동맹[433]을 체결하여 고구려에 대항하려고 했어. 하지만 장수왕 때 신라는 고구려의 막강한 힘에 눌려 영토의 일부를 고구려에 빼앗기고 세력이 위축되었어.

이랬던 신라가 발전하기 시작한 것은 6세기로 접어들면서부터였어. 6세기 초반 지증왕은 나라의 발전을 위하여 적극적으로 중국 문물을 받아들였어. 이때부터 '신라'라는 나라 이름을 사용하기 시작했지. 왕호도 '마립간'이라는 고유 이름에서 중국에서 일반적으로 사용하는 '왕'으로 바꾸었어. 그리고 지방 행정 구역을 주·군으로 나누고 관리를 파견하여 지방에 대한 직접 지배를 실현하고자 했으며, 우산국울릉도을 정복하기도 했어.

지증왕의 뒤를 이은 법흥왕은 귀족들의 반대를 물리치고 불교를 공인하여 국민의 정신적 통일을 꾀했어. 율령을 제정하는 한편, 관리의 등급을 17등급으로 나누고 관리들이 입는 공복도 정비했어. 그리고 병부를 설치하여 군사권을 장악하였으며, 김해의 금관가야를 정복하여 가야 땅으로 세력을 확대해 나갔어.

이차돈 순교비 신라 법흥왕 14년에 불교 공인을 위해 순교한 이차돈을 추모하고자 건립한 비석이다. 한쪽 면에는 목을 베는 순간 뿜어져 나왔다는 흰 피가 표현되어 있다.

□ 신라는 삼국 간의 전쟁에서 어떻게 우위에 서게 되었나요?

지증왕, 법흥왕 때의 체제 정비는 6세기 중반 진흥왕 대에 이르러 꽃을 피웠어. 진흥왕은 7세에 왕이 되어 어머니가 정치를 대신하던 시기를 거쳤어. 18세부터 직접 정치를 하게 되었는데, 왕으로서 놀라운 재능을 가지고 있었지. 그는 청소년 단체인 화랑도를 국가 조직으로 개편하여 많은 인재를 양성했으며, 대규모 불교 집회를 열어 국가의 안녕과 발전을 기원하면서 나라의 기반을 굳게 다져 갔어. 그리고 이를 바탕으로 활발한 정복 사업을 추진했지.

그는 일단 백제의 성왕과 연합하여 고구려를 쳐서 장수왕 이전에 신라 영토였던 남한강 상류 지역의 땅을 회복하였어. 그러고는 다시 백제로부터 한강 하류의 땅을 빼앗아 신라 땅으로 만들어 버렸지.

여기서 잠깐! 도대체 한강 유역이 얼마나 중요했으면, 신라는 120여 년간 이끌어 오던 백제와의 동맹을 찢어진 고무신짝 버리듯이 쉽게 포기하며 한강 유역 전체를 차지하려 했을까?

한강은 한반도의 중심부를 흐르는 강으로 주변에 많은 인구와 물자가 모이는 곳이야. 더구나 황해 바다와 연결되므로 중국과 교류를 원활하게 할 수 있어. 그러니 한강 유역을 차지한 나라가 삼국 간의 세력 다툼에서 주도권을 행사할 수 있었지. 특히 신라처럼 중국과의 교역이 어려운 곳에 위치한 나라의 입장에서는 한강 하류를 반드시 차지해야 했어. 이러한 이유 때문에 신라 진흥왕은 120여 년간 이어 오던 나·제 동맹을 깨고 백제로부터 한강 하류 지역을 탈취하여 한강 유역 전체를 신라 땅으로 만든 것이지.

한편, 진흥왕은 가야 연맹을 이끌고 있던 대가야를 정복하여 가야 전체를 신라 땅으로 만들었으며, 동해안을 따라 고구려 영역을 침범하여 함흥평야까지 진출했지. 그리고 말년에는 자신이 개척한 지역에 4개의 비석을 세웠어. 이 비석이 진흥왕 순수비야.

진흥왕 순수비 창녕비, 북한산비, 황초령비, 마운령비가 현재까지 발견되었는데, 비문은 진흥왕의 영토 확장을 찬양하는 내용이 주를 이루고 있다.

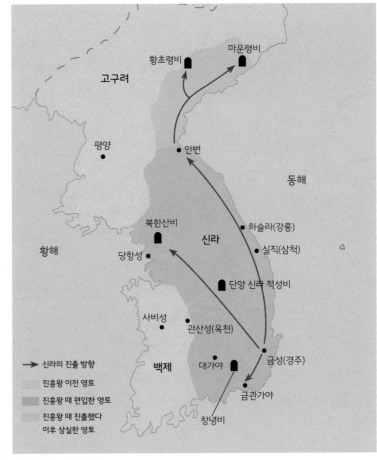

신라의 영토 변화

황금의 나라, 신라

삼국 중에서 가장 화려했던 황금 문화를 꽃 피웠던 나라는?

신라!

딩동댕!

신라는 고대 일본 사람들이 "눈부신 금은의 나라"라고 할 정도로 금과 은으로 금관을 비롯한 각종 공예품을 두루두루 많이 만들었어. 특히 5세기부터 6세기 전반까지 약 150년간은 신라 황금 문화의 절정기로, 이 기간 동안 만들어진 신라 지배층의 무덤에서는 금관, 금 허리띠, 금 목걸이, 금 귀걸이, 금동 신, 은제 팔찌 등 다양한 금은 장신구가 출토되고 있어.

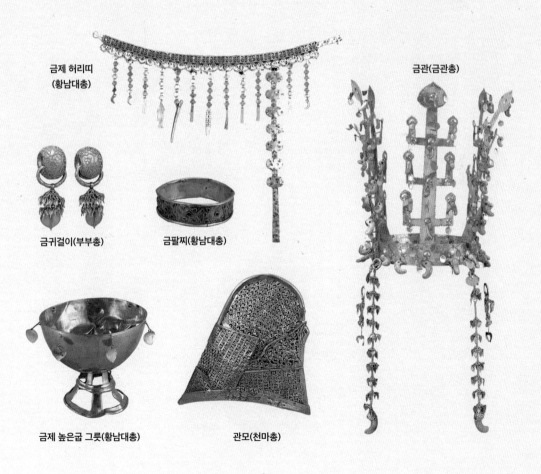

금제 허리띠
(황남대총)

금관(금관총)

금귀걸이(부부총)

금팔찌(황남대총)

금제 높은굽 그릇(황남대총)

관모(천마총)

10

철의 나라 가야가 연맹 왕국 단계에 머문 까닭은?

☐ 가야는 어떤 나라였나요?   ☐ 전기 가야 연맹은 계속 발전했나요?
☐ 복구된 가야 연맹의 운명은 어땠나요?
☐ 가야는 왜 중앙 집권 국가로 성장하지 못했을까요?

☐ 가야는 어떤 나라였나요?

신라의 성립과 비슷한 시기에 낙동강 하류의 변한 땅에서는 '가야'라는 나라가 나타났어.

가야의 건국 이야기에 의하면, 이 나라는 6개의 작은 나라가 연합하여 만들어진 연맹체 왕국으로, 초기에는 김해의 금관가야가 연맹을 이끌었어전기 가야 연맹.

낙동강 하류의 기름진 충적 평야 지대에 자리 잡은 금관가야는 농사가 잘되었고, 해상 활동을 하기에도 유리했지. 여기에 질 좋은 철이 많이 생산되어 낙랑, 일본과의 교역을 활발히 전개하면서 4세기 후반 무렵에는 신라와 맞설 정도로 크게 성장했어.

가야의 세력 분포도

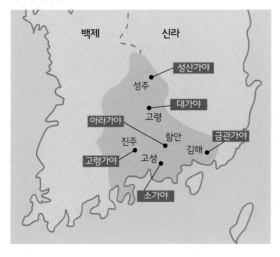

☐ 전기 가야 연맹은 계속 발전했나요?

하지만 이처럼 발전했던 가야 연맹도 해체의 시기가 다가왔어. 그 시작점은 낙랑의 멸망이었어. 4세기 초반 고구려가 낙랑을 몰아내면서 낙랑과 왜 사이에서 무역을 하며 부를 축적했던 가야의 중계 무역은 크게 위축되었어. 이 틈을 타서 가야의 여러 소국이 맹주인 금관가야의 위세를 넘보며 금관가야 위주의 전기 가야 연맹은 결속력이 급격하게 약화되어 갔어.

복원한 가야의 기마 병사

여기에 가야의 위축에 결정적 한 방을 더한 것이 있었으니, 그것은 고구려 광개토 대왕의 침략이었어. 4세기 후반에 왜군이 가야와 연합하여 신라를 침공했어. 그러나 이를 다른 측면에서 파악해 본다면, 가야가 왜군을 끌어들여 전쟁을 주도했을 가능성도 있어. 아무튼 이때 광개토 대왕은 신라 내물왕의 요청을 받아 군사 5만을 파견하여 왜군을 물리쳤는데, 이 전투에서 패한 금관가야는 치명상을 입고 급기야는 전기 가야 연맹의 주도권까지 잃고 말았어.

□ 복구된 가야 연맹의 운명은 어땠나요?

금관가야가 쇠퇴한 이후 가야 연맹은 한동안 침체에 빠졌어. 이 무렵 가야의 중심이 해안 지역에서 산간 지역으로 옮겨지며 경상도 내륙에 위치한 고령과 합천이 그 역할을 수행했어. 당시 고령에는 대가야가 자리 잡고 있었어. 대가야는 가야산의 철광 개발과 한층 증대된 농업 생산력을 기반 삼아 5세기 중반 이후 가야 연맹의 맹주로 자리 잡았으며, 연맹은 5세기 후반에 다시 한번 힘을 내기 시작했어후기 가야 연맹. 이 시기에 가야는 중국의 남조*에 사신을 보내 활발히 교류했으며, 서쪽으로는 소백산맥을 넘어 섬진강 유역까지 세력을 펼쳤고, 동쪽으로는 낙동강을 경계로 삼아 신라와 경쟁했어.

남조 南朝. 5~6세기에 중국은 남쪽과 북쪽으로 나누어져 나라가 들어섰다. 이 시기를 남북조 시대라 하고, 북쪽 지역에 세워진 국가들을 '북조', 남쪽 지역에 세워진 국가들을 '남조'라 한다.

그러나 문제는 6세기 때였어. 6세기로 접어들면서 신라와 백제가 서로의 땅을 넘보며 본격적으로 영토 확장에 나섰어. 가야 연맹은 백제와 신라의 틈바구니에서 샌드위치 신세가 되고 말았지. 신라에게 한강 유역을 잃은 백제가 가야 지역을 넘보았으며, 신라도 가야를 만만한 상대로 여겼어. 이러한 현실 속에서 6세기 전반에 금관가야가 신라 법흥왕에게 항복했으며, 6세기 중반에 대가야마저 신라에 복속됨으로써 가야의 역사는 막을 내리게 되었지.

가야의 다양한 철기 유물

철제 무기

철제 투구와 철갑옷

덩이쇠 덩이쇠(철정)는 화폐처럼 사용되었고, 중국·왜 등과 교역에 사용되기도 했다.

철제 농기구

□ 가야는 왜 중앙 집권 국가로 성장하지 못했을까요?

가야를 말하면서 '철'을 언급하지 않으면, '단팥이 들어 있지 않은 붕어빵'을 말하는 격이 될 정도로 가야는 질 좋은 철을 많이 생산했어. 그리고 이 철을 중국, 일본 등지에 수출하여 경제적으로 부자 국가가 되었지. 그러나 가야는 정치 발전이 더뎌서 중앙 집권 국가로 성장하지 못한 채 연맹 왕국 단계에서 삼국 간의 세력 다툼 속에 이리 저리 얻어 터지다가 결국은 신라에 의해 멸망했어.

경제적으로는 남부럽지 않았던 가야가 왜 이 꼴이 되었을까? 상식적으로 생각해 보면, 경제가 발전하면 국가 또한 강성해졌을 것 같은데 말이야. 여기에는 분명한 이유가 있어.

여섯 나라로 나뉘어 있던 가야는 강력한 힘을 지닌 세력이 없이 서로 고만고만한 힘을 가지고 있었어. 그리고 각 나라들은 통일할 생각을 하지 않고 서로 자기들 편한 방식대로 소규모 나라를 꾸렸어. 이러한 국가 구성은 평화 시대라면 사람들이 살기 좋은 구조였을 거야. 그러나 가야가 있던 시기는 남을 죽이지 않으면 내가 죽는 약육강식의 시대였어. 가야와 국경선을 맞대고 있던 백제와 신라는 왕을 중심으로 똘똘 뭉쳐서 영토 확장에 나라의 운명을 걸었어. 그럼에도 불구하고 가야는 분열된 내부를 통합할 의지가 없이 각 나라가 개별적으로 놀았던 거야. 오히려 이런 나라가 없어지지 않는 것이 이상한 일이었지. 결국 가야는 붕괴되고 말았어.

여기에서 우리는 약육강식의 시대에는 뭉쳐야 산다는 교훈을 얻을 수 있어. 이건 현재 남과 북으로 나뉘어 있는 우리에게도 많은 시사점을 주고 있어.

다양한 형태로 만들어진 가야 토기

가야 하면 바로 떠오르는 유물은?

철제 갑옷, 청동 거울 등 다양한 것들이 떠오르겠지만, 가야 하면 대표적인 유물이 토기들이라고 할 수 있어.

가야 사람들은 현대 사람들이 봐도 독특하게 여겨지는 특이한 토기들을 많이 만들었어. 말 탄 인물이 있는 술잔(물잔일 수도 있고), 목이 긴 항아리, 집 모양 토기 등 우리가 미처 생각하지 못한 다양한 형태의 토기들을 만들었고, 또 이러한 토기들을 일본 열도에 까지 수출하여 일본 토기 발전에 영향을 끼쳤어.

다음은 지금까지 출토된 가야 토기들이야. 어때? 형태와 모양이 독특하긴 독특하지?

가야의 무덤에서 출토된 토기들

11 수·당의 침략을 막아 낼 수 있었던 고구려의 힘은?

□ 삼국의 대외 관계는 어떠했나요? □ 수의 침략에 고구려는 어떻게 맞서 싸웠을까?
□ 고구려가 수나라 대군을 물리칠 수 있었던 비책은? □ 고구려와 당의 전쟁은
어떠했나요? □ 고구려가 승리할 수 있었던 힘은 무엇일까?

□ 삼국의 대외 관계는 어떠했나요?

나라와 나라 사이의 관계는 이해관계에 따라 친하기도 하고 아옹다
옹 다투기도 하지. 고구려, 백제, 신라도 그랬어. 삼국은 국가 발전 과정
에서 자기 나라의 이익과 힘의 균형을 유지하기 위해 서로 다투기도
하고 친하게 지내기도 했어. 또한 자기 나라의 발전을 위해서 중국은
물론 북방 민족이나 왜 등과도 적극적으로 교류했지.

삼국이 서로 대립하였던 3세기에서 6세기경에 중국은 위·진·남북
조 시대●로 오랜 분열을 겪고 있었는데, 삼국은 이를 외교적으로 잘 활
용했어. 그래서 중국의 선진 문물을 적극적으로 받아들이면서 정치
적·문화적 이익을 얻기도 했으며, 때에 따라서 이해관계가 맞지 않으
면 중국과 과감히 맞서 싸우기도 했어. 특히 고구려는 중국과 국경선을
맞대고 있어서 서로 싸움을 하는 경우가 많았어.

위·진·남북조 시대 중국의 역
사에서 가장 많은 왕조가 교
체되었던 혼란기였다.

□ 수의 침략에 고구려는 어떻게 맞서 싸웠을까?

6세기 말에 남북조 시대의 혼란을 통일한 나라가 중국에 나타났어.
이 나라의 이름은?

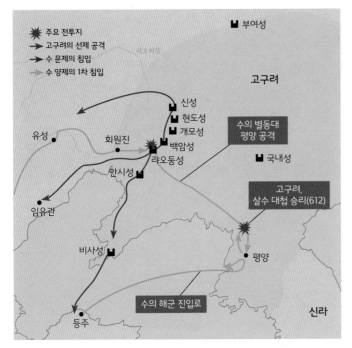

주요 전투지
고구려의 선제 공격
수 문제의 침입
수 양제의 1차 침입

부여성

고구려

신성
현도성
개모성
백암성
라오둥성

유성
회원진

안시성

임유관

비사성

등주

수의 별동대
평양 공격

국내성

고구려,
살수 대첩 승리(612)

평양

수의 해군 진입로

신라

수나라의 침입로 위·진·남북조 시대의 분열과 혼란을 극복하고 중국을 통일한 수나라는 랴오허(요하)를 건너 고구려를 침략했다.

수나라.

그래 맞아. 3세기 이래로 분열과 혼란을 거듭해 온 중국이 589년 수에 의해 통일되었지. 그런데 수의 중국 통일은 국경선을 맞대고 있는 고구려의 입장에서 보면 결코 기분 좋은 일이 아니었어. 고구려는 수나라가 중국을 통일하자, 무기를 수리하고 군량미를 쌓는 등 수의 침략에 적극적으로 대비했지.

고구려의 전쟁 준비 움직임을 눈치 챈 수의 임금 문제는 고구려에 사신을 보내 "랴오허가 넓으면 얼마나 넓겠는가? 어찌 황허에 비하리오. 장군 한 사람을 파견하면 충분할 것을 어찌 많은 병력을 동원하겠는가?" 하면서 은근히 협박해 왔어. 고구려의 대응은? 결코 굴복하지 않았어. 오히려 598년에 중국과 국경선이던 랴오허를 건너 전략적으로 중요했던 랴오시 지방을 먼저 공격했어. 이에 수 문제는 30만의 군대를 이끌고 고구려를 침략해 왔어. 전쟁의 결과는? 고구려의 일방적인 승리로 끝났어. 중국을 통일하여 그 위상이 하늘을 찌를 것 같던 수 문제의 입장에서 동북쪽 변방에 자리 잡은 고구려가 별 볼일 없는 상대였겠지만, '작은 고추가 맵다'고 고구려는 당당하게 대응하여 수나라 군사들을 거침없이 몰아붙였어. 고구려의 힘이 5세기 광개토 대왕이나 장수왕 때만큼은 아니었어도, 아직 수나라 정도는 상대할 힘이 있었던 거지. 아무튼 수 문제는 한 번 된통 당한 후에 다시는 고구려를 넘보지 못했지.

고구려와 수나라의 두 번째 전쟁은 문제의 아들 양제 시대에 벌어졌어. 양제가 중국을 다스리고 있을 때, 고구려의 줄기찬 공격을 받아 고전하고 있던 신라가 승려 원광을 보내어 수나라에 군사 원조를 요청해 왔어. 6세기 중반 신라의 진흥왕이 한강 유역을 장악한 이후 한반도에서는 고구려와 백제가 신라를 협공하고 있었고, 수의 중국 통일에 위기의식을 갖고 있던 북쪽의 돌궐족은 고구려와 동병상련의 심정 속에 동맹을 맺고 있었어. 이러한 시기에 고구려와 백제의 강한 압력을 받고 있던 신라가 수에 도움을 요청해 온 것이지.

수 양제는 612년, 113만의 대군을 인솔하고 고구려로 쳐들어왔어. 중국의 기록에 의하면 '군사들의 출발이 40일 동안 계속 되었으며, 군대 행렬이 960리에 걸쳤다'고 해. 어때? 엄청나지 않니? 그런데 이 전쟁은 결론부터 말한다면, 고구려의 일방적인 승리로 끝나 버렸어. 수나라 육군이 국경선 부근에 있던 랴오둥성을 포위하고 공격했는데 성 함락에 실패했고, 수군水軍은 바다를 건너 평양성 부근까지 침략하였으나 고구려의 완강한 방어선을 뚫지 못했지. 다급해진 양제는 30만 명의 별동 부대를 편성하여 압록강을 건너 평양성을 직접 공격하게 했어. 그러나 이마저도 실패하여 결국 말머리를 돌려 터덜터덜 귀국해야만 했지. 고구려의 통쾌한 한판승이었어.

수 양제가 데리고 온 병사들은 모두 113만이었다고 전해지는데, 이는 현재 울산광역시 인구 정도야. 이러한 대군을 고구려는 눈 하나 깜짝하지 않고 당당하게 대응하여 물리쳐 버린 거지.

☐ 고구려가 수나라 대군을 물리칠 수 있었던 비책은?

고구려의 작전은 의외로 간단했어. 빨리 전쟁을 끝내기 위해서 대군을 이끌고 침입해 오는 수의 속셈을 간파하고 너른 벌판에서의 정면

안학궁 평양성에 있던 고구려의 왕궁 안학궁을 복원해 놓은 모형이다.

승부를 피했어. 그리고 적에게 양식이나 말먹이를 빼앗기지 않도록 백성들을 산성으로 이동시켜 성을 굳건히 지키는 청야 수성 작전淸野 守城作戰을 펼쳤어. 고구려의 이 작전은 크게 성공을 거두어 첫 번째 전투가 벌어진 랴오둥성에서 수나라 군대는 4개월 동안 한껏 힘을 쓰고도 성을 함락하지 못하였어.

수 양제가 30만의 별동부대를 편성하여 고구려의 수도 평양성을 직접 공격하려 했을 때는 고구려의 명장 을지문덕이 크게 활약했어. 그는 적이 쳐들어오기 전에 수나라 군대가 진입해 올 예상 진입로 상의 백성들을 주변에 있는 산성으로 옮기고 마을 안에 있던 우물들을 다 메워 버렸어. 그리고는 소규모 부대를 꾸려서 하루에도 몇 차례씩 적을 기습적으로 괴롭혔어. 한편, 수나라 군대가 평양성 외곽 30리쯤에 도달하자, 을지문덕 장군은 수나라 군대를 지휘하고 있던 우중문에게 시를 한 수 보냈어.

신기한 그대의 작전은 하늘의 원리에 통달하였고

오묘한 꾀는 땅의 이치를 꿰뚫었다.
전쟁에서 승리한 공이 이미 높으니
만족한 줄 알고 그만둠이 어떠한가.

　우중문의 탁월함을 칭송하는 시 같지만, 사실은 이쯤에서 그만 만족
하고 물러가라는 경고를 담은 시였지. 이 시를 본 우중문은 사태의 심
각성을 깨닫고 군사들에게 급히 후퇴하도록 명령했어. 그러나 때는 이
미 늦었어. 고구려군은 이런 날이 올 것을 예견하고 수나라 군대가 후
퇴할 때에 건너가야 할 살수청천강의 물목 상류 쪽을 막아 놓고 있었어.
퇴각하던 수나라 군사들은 강물이 바지를 걷고 건너도 될만큼 얕은 것
을 보고 앞을 다투어 건넜지. 그래서 어찌 되었냐고? 뭐 구구절절 말하
면 입만 아프지 않겠어? 수의 군사들이 대부분 강속에 들어오자, 위에
서 경계를 서고 있던 고구려군이 둑을 터 버렸어. 결국 수나라 군사들
은 성난 파도처럼 밀려오는 강물을 피하지 못하고 거의 대부분 물고기
밥이 되고 말았어. 이 전투가 유명한 '살수대첩'으로 30만의 수나라 군
사 중에서 살아 돌아간 자가 2천 7백 명 정도였어. 세계 전쟁의 역사에
서도 쉽게 찾을 수 없는 대단한 승리였지.

살수대첩을 그린 기록화

이후 수 양제는 몇 번 더 고구려를 침입했지만 성과는 거두지 못했어. 수나라는 재정 낭비 속에 국력만 위축시키며 각지에서 일어난 반란으로 나라가 세워진 지 38년 만에 멸망하고 말았어. 중국 땅에는 이제 당唐이라는 새로운 국가가 들어섰어.

□ 고구려와 당의 전쟁은 어떠했나요?

수나라를 멸망시키고 중국을 통일한 당은 건국 초기에는 고구려를 자극하지 않고 친하게 지내려고 했어. 그러나 7세기 전반에 태종이 즉위하면서 양국 사이에는 위기의식이 점차 높아지기 시작했어. 당 태종은 세계 제국을 건설하려는 야심을 가지고 주변의 여러 나라를 침략하는 한편, 고구려에도 압력을 가해 왔어. 이에 맞서서 고구려는 국경선인 랴오허의 물줄기를 따라 천리장성을 쌓고 당의 공격에 대비하기 시작했지.

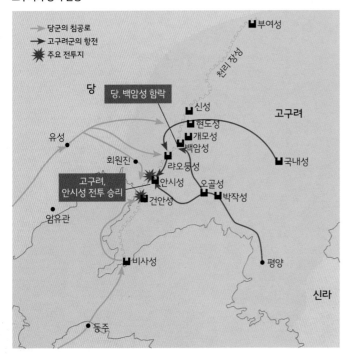

고구려와 당의 전쟁

당이 고구려를 공격하려 할 때, 고구려의 집권자는 연개소문이었어. 연개소문은 천리장성 축조의 책임자로 대당 강경 정책의 선두 주자였지. 그런데 영류왕이 대당 온건 정책을 펴자, 쿠데타를 일으켜서 왕을 몰아내고 왕의 조카인 보장왕을 허수아비 왕으로 내세웠어. 그리고는 자신은 대막리지가 되어 당과 신라, 양쪽과 긴장 관계를 조성했어.

당 태종은 임금을 죽인 연개소문을 응징한다는 구실을 내세워 고구려를 쳐들어왔어. 당군의 첫 번째 목표는 랴오둥성이었어. 랴오둥성은 수나라가 113만 대군으로 4개월 동안 전투를 치르면서도 함락하지 못한 난공불락의 요새였지. 당 태종은 이곳만 함락하면 고구려와의 전쟁이 수월하게 전개되리라고 보았어. 아니나 다를까 랴오둥성은 열흘만에 그의 생각대로 함락되고 말았어. 당연히 당군은 쾌재를 불렀고, 이제 깝죽대던 고구려를 멸망시키는 것은 '식은 죽 먹기'보다 쉬운 일이라고 생각했어. 그러나 당군의 판단은 틀렸어. 백암성을 거쳐 안시성을 함락하려던 당군과 성을 사수하려는 고구려군 사이에 치열한 공방전이 벌어졌지.

안시성은 자그마한 산성에 불과했지만, 서쪽 변경의 중요한 요새지로써 당군의 완전 포위 속에 하루에도 6~7회의 공격을 받았어. 성은 함락되었을까? 아니야. 성주를 중심으로 굳게 뭉친 고구려 사람들은 당의 파상 공세를 60일 동안이나 처절하게 막아 냈어.

이 전술 저 전술 다 써 봐도 성을 공략할 수 없었던 당군은 최종적으로 성보다 더 높은 흙산을 만들어 높은 데서 성 안을 공격하려 했어. 그러나 이마저도 여의치 않아 실패하고 말았어. 전투가 예상외로 장기전이 되면서 추운 겨울이 닥쳐오자, 당 태종은 결국 고구려 점령의 꿈을 포기한 채 철수해야만 했어. 이때가 645년이었지. 당 태종은 그 후에도 두 차례나 고구려를 더 침략했지만, 이것 모두 실패로 끝나고 말았어.

☐ 고구려가 승리할 수 있었던 힘은 무엇일까?

수·당의 대군에 맞서 고구려가 거둔 승리는 우리 민족의 역사에서 자랑할 만한 사건이야. 수·당은 고구려를 정복하여 동아시아의 패권을

차지하려 했으나, 고구려가 이를 물리침으로써 민족적 위기를 극복했을 뿐만 아니라, 그들의 야욕마저 분쇄했어.

고구려가 수·당 전쟁에서 승리를 거둘 수 있었던 원인은 어디에 있을까? 우선은 훈련이 잘된 용맹한 군대와 그 군대의 탁월한 전투 능력이 전쟁 승리의 원동력이었다고 평가할 수 있어. 또한 대군을 동원하여 속전속결로 해치우려는 수·당군을 상대로 청야 수성 작전을 전개하여 장기전을 치를 수 있었던 단단한 방어 체제도 한 원인이었지.

여기에 랴오둥 지방의 철광 지대를 확보하고 있어서 무기를 원활하게 생산할 수 있었고, 고구려 사람들의 굳센 정신력도 전쟁 승리의 원인이라고 말할 수 있어.

이처럼 고구려는 강인한 정신력과 적절한 전략 전술을 활용하여 수·당과의 전쟁에서 승리를 거두었어. 그러나 한 가지 안타까운 점은 고구려 또한 잦은 전쟁을 치르면서 힘이 약화되었고, 당과의 전쟁을 이끌었던 연개소문 사망 후 그 후계자들 사이에 내분이 발생하여 점차 힘이 떨어지며 결국에는 나당 연합군에게 멸망[668]했다는 거야.

시대에 따라 평가가 다른 연개소문

우리 역사에서 연개소문만큼 평가가 다양한 인물도 드물어.

우리나라 역사서로 가장 오래된 『삼국사기』부터 조선 후기까지 만들어진 대부분의 역사서는 연개소문을 흉폭한 인물로 그리고 있어. 신하로서 임금을 살해하고 강대국인 당과 맞서 싸움으로써 결과적으로 고구려를 멸망하게 했다는 거지.

반면에 일제 강점기 민족주의 역사학자들은 연개소문을 나라와 민족을 구한 '구국의 영웅'으로 평가하고 있어. 대한민국 임시 정부의 2대 대통령이었던 박은식은 "독립 자주의 정신과 대외 경쟁의 담략을 지닌 우리 역사상 제1인자", 치열하게 독립운동을 했던 신채호는 "위대한 반역아", 문일평은 "천고의 영걸"로 연개소문을 영웅시 하고 있어.

이처럼 시대에 따라 연개소문의 평가는 극과 극을 달려. 왜 그럴까? 도대체 그 이유가 뭘까? 그것은 왕조 시대의 유교적 입장에서 역사를 서술했던 사람들은 '충'과 '사대 사상'에 입각하여 연개소문을 평가했고, 그들의 눈에 연개소문은 반역자에 불과했어. 그러나 일제 강점기 때는 우리 민족의 독립 의지를 높일 필요성이 있었어. 따라서 일제 강점기에 민족주의 역사가들은 연개소문을 국난을 극복한 영웅으로 높이 평가한 거야.

역사는 동일한 인물이나 사건을 시대에 따라 다르게 평가하기도 해. 이것은 결국 역사가 과거의 사실을 현재적 관점에서 해석하는 현재성을 지닌 학문이기 때문에 나타나는 자연스러운 현상이지.

연개소문 유적비 인천 강화군의 향토지인 『강도지』에 따르면 연개소문은 강화도 고려산 기슭에서 태어나 치마대와 오정(五井)에서 무예를 연마하며 성장했다고 한다.

12 신라가 삼국 통일을 이룰 수 있었던 까닭은?

□ 신라가 삼국을 통일한 후, 당나라는 어떻게 변했나요?
□ 신라는 당나라를 어떻게 물리쳤나요? □ 신라의 삼국 통일에 문제점은 없나요?

□ 신라가 삼국을 통일한 후, 당나라는 어떻게 변했나요?

신라는 결국 당나라의 힘을 빌려 삼국 통일을 달성했어. 신라로서는 만세, 만세, 만만세였어. 그동안 신라는 고구려와 백제에게 당한 경우가 많았는데, 일거에 전세를 역전시켜 그들을 한 방에 보내 버린 거지. 그러나 안타깝게도 신라의 삼국 통일은 백제와 고구려를 멸망시킨 것으로 끝난 게 아니었어. 믿었던 당나라가 배신했기 때문이지.

당나라는 신라와 동맹을 체결할 때, 삼국 통일 전쟁에서 승리할 경우 대동강 이남의 땅을 신라 땅으로 인정한다고 분명히 약속했어. 그런데 당나라는 삼국 통일 과정에서 한반도 전체를 지배하려는 야욕을 드러냈어. 백제를 멸망시킨 후에 백제의 옛 땅을 관리하는 관청인 웅진 도독부를 설치하여 백제 땅을 식민지로 삼으려 하더니, 고구려를 점령하고 나서도 평양에 고구려의 옛 땅을 관리하는 관청인 안동 도호부를 설치하여 고구려 영토마저 자기들 땅으로 삼으려

한 발씩 슬쩍 걸치기 작전!

고구려
당
안동 도독부
백제
웅진 도독부
신라
계림 도독부

했어. 그뿐만 아니라 신라의 수도 경주에 계림 도독부를 설치하고 문무왕을 계림 도독으로 임명하며 은근히 신라마저 자기들 식민지로 삼으려 했지.

□ 신라는 당나라를 어떻게 물리쳤나요?

신라는 당의 이러한 야욕을 참을 수가 없었어. 미치고 팔짝 뛸 노릇이었지. 신라에게는 두 가지 선택권이 있었어. 영원히 당에게 아부하며 당을 섬기면서 살 것인가? 그렇지 않으면 당과 전쟁을 해서라도 자주국의 길을 걸을 것인가?

여기서 신라는 단호하게 후자를 선택했지. 당군이 주둔하고 있던 사비성을 함락시켜 웅진 도독부를 없애고, 백제의 옛 땅을 완전히 신라 땅으로 만들었어. 그러니 당나라가 가만있을 리 없지. 당나라는 말갈과 거란군을 앞세우고 신라 땅으로 쳐들어왔어.

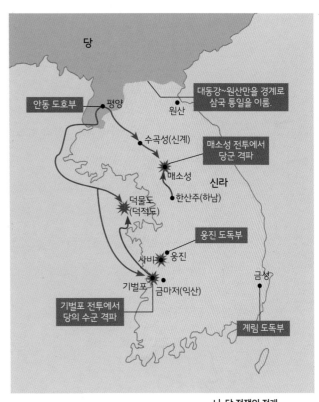

나·당 전쟁의 전개

동맹국이었던 신라와 당 사이에 전쟁이 벌어졌어. 결과는? 신라는 675년 매소성*에서 당의 20만 대군을 격퇴했고, 금강 하류 기벌포에서 당의 수군도 물리쳤어. 결국 당군은 랴오둥으로 물러날 수밖에 없었지. 이때가 676년으로, 신라는 드디어 그토록 열망했던 삼국 통일의 위업을 달성하고야 말았어.

매소성 경기 연천군 청산면 대전리에 있는 산성.

□ 신라의 삼국 통일에 문제점은 없나요?

신라가 드디어 삼국을 통일했어. 일단 축하는 해 줘야지. 신라는 비록 당과 연합하여 전쟁의 승자가 되었지만, 이 전쟁은 당은 물론 일본까지 전쟁에 뛰어든 국제전으로 여러 나라가 운명을 걸고 너 죽고 나 살자는 식의 전면전을 치렀어. 이러한 전쟁에서 신라가 최종 승자가 되었으니, 이 정도면 축하해 줘도 될 것 같아.

통일의 의의 또한 상당했어. 우리 민족 최초의 통일 전쟁으로 민족 전체를 하나로 만들어 주었으며, 민족 문화가 발전할 수 있는 토대를 마련할 수 있었어. 또한 외세인 당의 간섭에서 벗어나기 위하여 강대국이었던 당을 상대로 치열하게 싸움을 벌여 승리함으로써 신라인의 자주성을 한껏 드높였어.

그러나 다른 한편으로 살펴보면, 신라의 삼국 통일은 문제점이 많아. 외세인 당의 도움을 받아 이루어진 통일이었으며, 나·당 전쟁 이후에 차지한 땅이 고구려 땅의 대부분을 제외한 대동강 이남 지역에 불과한 불완전한 통일이었어. 따라서 우리 민족의 입장에서 보면, 신라의 삼국 통일은 조금 불만스러운 삼국 통일이라고 할 수 있지.

백제와 고구려가 멸망한 후에 유민들은 무얼 했을까?

나라가 망했다고 백제나 고구려의 백성들이 모두 신라나 당의 지시에 복종한 것은 아니었어. 나라를 되살리기 위하여 부흥 운동을 치열하게 전개한 사람들도 있었지.

백제가 멸망한 뒤에 왕족인 복신과 승려 도침이 주류성충남 서천에서, 장군 흑치상지는 임존성충남 예산에서 일본에 가 있던 왕자 풍을 왕으로 추대하고 각기 군사를 일으켜서 백제를 되살리려 했어.

고구려 또한 마찬가지였지. 검모잠은 보장왕의 아들 안승을 왕으로 추대하고 당군과 맞서 용감히 싸웠으며, 랴오둥 지방에서는 고연무가 중심이 되어 부흥 운동에 힘썼어.

물론, 이들 부흥 운동은 전부 실패로 끝나고 말았어. 한 가지 재미있는 사실은 신라는 당나라와 전쟁을 할 때 이들 부흥 운동 세력을 적절히 활용하여 나·당 전쟁을 유리한 방향으로 이끌었다는 점이야. 신라는 고구려 부흥 운동의 핵심이었던 안승에게 금마저전북 익산를 주어 보덕국을 세우게 하고, 이들로 하여금 백제 땅에 있던 당나라군과 싸우게 했어.

고구려와 백제의 부흥 운동

13

삼국 시대 사람들은 어떻게 살았을까?

□ 무엇을 입고 살았나요? □ 무엇을 먹고 살았나요? □ 어떤 집에서 살았지요?
□ 무엇을 가르치고 배웠지요? □ 나라마다 무덤 양식이 달랐다면서요?

□ 무엇을 입고 살았나요?

사람들이 옷을 입기 시작한 것은 신석기 시대였어.

어떻게 아느냐고? 신석기인들이 살았던 곳에서 뼈바늘과 가락바퀴가 나왔기 때문이야. 그러나 신석기 시대에는 동물 가죽을 간단히 가공해 입는 정도에 머물렀을 뿐이야. 옷을 옷답게 만들어 입은 것은 삼국 시대부터지.

삼국 시대 사람들은 대체로 명주실에서 뽑은 비단, 삼을 길러 짠 삼베, 산에 많이 자라는 넝쿨 식물인 칡의 섬유로 짠 갈포로 만든 옷을 입었어.

그러면 겨울철에는 무슨 옷을 입고 살았을까?

솜옷?

땡! 솜옷의 재료인 면화가 중국으로부터 전래된 것은 고려 후기야. 문익점에 의해서였지. 따라서 삼국 시대 사람들은 솜옷을 입을 수 없었어. 겨울철에는 좀 더 곱고 촘촘하게 짠 베나 비단 옷을 겹쳐 입었을 것으로 추정하고 있어.

그럼, 당시 사람들은 어떤 패션을 즐겼을까?

남녀 모두 엉덩이까지 내려오는 긴 저고리에 바지 또는 주름치마를

무용총 벽화 무용총 고분 벽화에 그려진 그림. 고구려 사람들의 옷차림을 엿볼 수 있다. 중국 지린성 지안현 소재.

즐겨 입었다고 해. 재미있는 것은 현재는 치마가 여성들의 전유물이지만 삼국 시대 때는 남자들도 치마를 입었다는 사실이야. 이러한 사실은 삼국 시대의 무덤에서 발견되는 흙 인형의 모습이나 고구려 무덤에 그려진 고분 벽화를 통해서 알 수 있지.

옷감의 무늬는 물방울무늬를 좋아하였는데, 이 또한 무용총에 있는 춤추는 여인들의 옷 무늬에서 쉽게 발견할 수 있어. 신발은 귀족들의 경우 가죽신을 신었어. 그러나 고분 벽화에 하녀나 시종들이 맨발을 하고 있는 경우가 있는 걸로 보아 일반 백성이나 노비와 같은 하층민은 풀이나 나무 등으로 만든 신발을 신거나, 그냥 맨발로 다녔을 것으로 짐작돼.

□ 무엇을 먹고 살았나요?

삼국 시대 사람들은 우리 민족의 주식인 쌀밥을 먹고 살았어.
맞는 말일까?

당연해. 벼농사는 청동기 시대부터 시작되었잖아. 삼국 시대에는 벼농사가 전국 각지에서 이루어졌어. 따라서 삼국 시대 사람들은 지금의 우리처럼 쌀밥을 주식으로 했어. 물론 그렇다고 해서 사람들 전부가 쌀밥을 먹고 산 것은 아니었지. 쌀밥은 지배층이나 먹을 수 있었어. 일반 백성들은? 보리, 조, 콩, 수수와 같은 곡식을 섞은 잡곡밥을 먹고 살았어.

그럼 우리 민족이 자랑하는 세계적인 음식, 김치는 어땠을까? 삼국 시대에는 김치가 없었어. 더 정확히 말한다면 백김치는 있었을 수 있지만, 고춧가루를 넣어 붉게 만든 김치는 없었어. 고추가 우리나라에 들어온 것이 임진왜란 이후였고, 따라서 현재 우리가 먹는 고춧가루로 버무린 김치는 조선 후기부터 만들어진 거야.

삼국 시대 사람들은 간장이나 된장은 담갔다고 해. 그래서 이것으로 채소나 고기 음식을 조리해 먹었지. 그리고 신라와 백제에서는 회를 즐겨 먹었다고 해.

귀족들의 먹거리는 아주 호사스러워서 고려 후기 승려인 일연이 지은 『삼국유사』에는 귀족 집에서 손님을 접대할 때 50여 가지 반찬을 내놓았다고 기록되어 있어.

□ 어떤 집에서 살았지요?

고구려의 고분 벽화인 안악 3호분의 벽화를 보면 고구려 귀족들이 어떤 집에서 살았는지를 잘 파악할 수 있어. 일단 귀족의 집에는 부엌, 우물, 수레를 보관하는 창고, 고기를 걸어 놓는 푸줏간, 외양간, 마구간이 따로 있었고, 집 주인은 화려한 휘장이 쳐진 방에서 침상을 놓고 생활했지.

집 모양 토기 경주 보문동에서 출토된 집 모양 토기. 기와를 얹은 팔작지붕, 정방형의 문과 벽면과 지붕의 꽃무늬가 잘 드러나 있다.

그리고 집 모양의 토기를 통해서 당시 사람들이 살았던 집의 형태를 짐작할 수 있는데, 귀족들은 기와집에서 살았으며 일반 백성들은 초가

집에서 거주했어. 방안에는 온돌이 놓여 있어, 당시부터 온돌 문화가
발달했음을 알 수 있지.

□ 무엇을 가르치고 배웠지요?

　삼국 시대 때 사람들은 문자를 사용했을까? 한글이 만들어진 시기
가 15세기 세종 시절이니, 문자 사용은 없었을 것 같다고? 아니야. 문
자를 사용했어. 어떤 문자냐고? 한자야. 삼국과 가야 사람들은 한자를
널리 사용하였고 학교를 설립하여 유학 교육도 시켰어.

　증거가 있냐고? 당근이지. 고구려는 소수림왕 때 수도에 국립 교육
기관 태학을 세워 귀족 자제들에게 유학을 교육했어. 또한 광개토 대왕
릉비에 예서체로 무려 1800여 자의 긴 문장이 새겨져 있는데, 이것으
로도 고구려 사람들의 우수했던 한문학 실력을 알 수 있어.

　백제는 오경박사●를 두어 유학 교육을 담당하게 했어. 그리고 사택
지적비의 내용을 통해서 백제 귀족의 한문 실력을 알 수 있어. 사택지
적비가 뭐냐고? 백제 말기를 살았던 사택지적이라는 귀족이 지은 유려
한 글을 새겨 놓은 비석이야. 내용에 뭐가 들어 있냐고? 늙어 가는 것
을 애석하게 생각하며 불교에 귀의한다는 내용이야. 백제 귀족 사회에
불교는 물론, 도교도 유행했음을 추정할 수 있게 해 주는 백제의 대표
적인 금석문●이지.

　신라에서는 청소년들에게 유학 공부를 열심히 시켰는데, 신라의 두
청년이 국가에 충성하고 유학을 힘써 배울 것을 다짐하는 내용을 돌에
새겨 세워 놓은 비가 현재까지 전해지고 있어. 임신년에 공부를 열심히
할 것을 맹세하고 세운 비석이란 의미에서 '임신서기석'이라 이름 붙
여 놨지. 한편, 신라 승려 원광 법사는 화랑들에게 유교 윤리가 포함된
세속 오계●를 만들어 주었으며, 수나라에 보내는 외교 문서를 작성하

오경박사 백제 때에, 오경(五
經, 유학의 다섯 가지 경서. 시
경, 서경, 주역, 예기, 춘추)에
능통한 학자에게 주던 칭호.

금석문 금속이나 돌에 새겨
진 글씨.

세속 오계 사군이충(事君以
忠, 충), 사친이효(事親以孝,
효), 교우이신(交友以信, 친구
간의 신의) 등 신라 화랑이 지
켜야 할 다섯 가지 계율.

기도 했어.

이외에도 삼국은 역사서를 편찬해 자기 나라의 역사를 기록으로 남겨 놨어. 고구려는 『유기』100권이 있었고, 영양왕 때 이문진은 유기를 간추려 『신집』5권으로 재편찬했어. 백제는 근초고왕 때 고흥이 『서기』를 발간했으며, 신라는 진흥왕 때 거칠부가 『국사』를 썼어. 안타까운 것은 이들 책은 전부 소실되어 현재는 그 내용을 알 수 없다는 거야.

□ 나라마다 무덤 양식이 달랐다면서요?

고구려, 백제, 신라는 무덤을 쓰는 양식은 각기 달랐어. 고구려는 초기에 돌무지무덤을 쓰다가 점차 굴식 돌방무덤을 많이 만들었어. 돌무지무덤은 뭐고, 굴식 돌방무덤은 뭐냐고? 돌무지무덤은 사람 머리만한 돌들을 쌓아서 만든 무덤으로 이 양식의 최절정기 무덤이 중국 지린성 지안에 우뚝 솟아 있는 장군총이야. 장수왕의 무덤으로 추정되는 이 무덤은 7층 계단식으로 쌓아 올린 장대한 돌무지무덤으로, 돌들을 네모반듯하게 다듬어 계단식 피라미드로 쌓아 올렸어.

굴식 돌방무덤은 고구려 후기로 가며 주로 만들어진 무덤 양식이야. 외부에서 보기에는 조금 크다 싶은 일반적인 흙무덤이지만, 무덤 내부

고구려의 대표적 돌무지무덤인 장군총. 중국 지린성 지안현 소재.

는 출입구부터 방 모두를 돌로 만들어 놓았어. 즉, 무덤 내부에 출입구, 터널, 방을 모두 돌로 구축하고 그 위를 흙으로 덮어 조성한 무덤이 굴식 돌방무덤이지.

그런데 특이한 것은 고구려의 굴식 돌방무덤에서는 껴묻거리가 거의 나오지 않았어. 왜 그럴까? 역사 탐정이 되어 이유를 함께 찾아볼까?

첫째, 고구려, 백제 사람들은 장례 풍습 상 애초에 껴묻거리를 넣지 않거나 적게 넣었기 때문이야. 신라는 왕이나 귀족의 무덤을 조성할 때 무덤 주인공이 사후에도 생전처럼 부귀영화를 누리게 하기 위해 본인이 살아있을 때 쓰던 물건은 물론이려니와, 사후에 쓸 다양한 물건들을 양껏 만들어 무덤 안에 넣어 줬어. 그러다 보니, 신라의 왕릉급 무덤에서는 다양한 유물들이 출토되었어. 하지만 고구려와 백제 무덤은 도굴이 안 된 무덤을 발굴해도 신라만큼 껴묻거리가 많이 나오지 않아.

둘째, 그나마 넣어 놓은 물건도 후세에 도굴되는 경우가 많았어. 신라 무덤은 돌무지 덧널무덤으로 도굴이 거의 불가능했어. 반면에 고구려, 백제 지배층들이 많이 썼던 굴식 돌방무덤은 도굴에 취약했어. 출입구만 발견하면 현재도 누구나 쉽게 무덤방 안으로 들어갈 수 있는 무덤 구조가 굴식 돌방무덤이지. 현실이 이러하다 보니, 고구려, 백제 무덤에서는 껴묻거리가 거의 출토되지 않아.

그래도 실망은 하지 마. 왜냐고? 고구려의 굴식 돌방무덤에는 다른 나라 무덤에서는 거의 찾아볼 수 없는 진귀한 문화유산이 들어 있어. 바로 채색 벽화지.

고구려 사람들은 껴묻거리를 적게 넣는 대신에 무덤방의 벽면에 다양한 형태의 벽화들을 그려 놓았어. 이것들만 가지고도 고구려 사람들의 삶을 거의 전부 복원할 수가 있을 정도로 다양한 그림들을 말이야. 옷은 어떻게 입었으며, 음식은 무엇을 먹었으며, 노비는 어떤 삶을 살았는지 그림을 보고 알 수 있지.

고구려 무덤 안의 벽화는 무덤이 축조된 시기에 따라 차이가 있는데, 전기 돌방무덤의 내부에는 생활 풍속도가 주로 그려졌고, 후기 돌방무덤에는 연꽃 무늬를 비롯한 장식 무늬와 사신도가 많이 그려졌어.

무덤 주인 부부의 생전 모습과 생활 풍속도가 그려져 있는 안악 3호분, 무용도가 그려진 무용총, 씨름도가 그려져 있는 각저총이 고구려 사람들의 생활상을 알 수 있게 하는 대표적 고구려 무덤들이고, 사신도가 그려진 대표 무덤으로는 평안남도 강서에 있는 강서대묘가 유명해.

백제도 초기에는 돌무지무덤을 주로 만들다가 웅진으로 수도를 옮긴 이후에는 굴식 돌방무덤을 축조하기 시작했어. 이러한 양식의 변천은 고구려와 맥을 같이 하는데, 그 이유는 백제를 세운 지배 세력이 고구려 계통이었기 때문이야.

서울 석촌동 고분이 대표적 돌무지무덤으로, 고구려 돌무지무덤과 양식이 비슷하여 고구려에서 내려온 이주민들에 의해 백제가 성립되었음을 입증해 주고 있어. 백제의 굴식 돌방무덤은 두 번째 수도였던 공주와 세 번째 수도였던 부여 주변에 많이 만들어졌는데, 공주의 송산리 고분군과 부여의 능산리 고분군에 집중 분포되어 있어. 특히 부여 능산리 고분군에는 사신도가 그려진 무덤이 있어서 백제 굴식 돌방무덤에도 벽화가 있음을 알려 주고 있지.

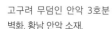
고구려 무덤인 안악 3호분 벽화. 황남 안악 소재.

공주 송산리 고분(왼쪽)과 부여 능산리 고분의 벽화가 그려진 돌방(오른쪽).

한편 백제에서는 굴식 돌방무덤이 유행하던 시기에 몇몇 무덤의 무덤방을 돌 대신 벽돌로 만들기도 했는데, 이러한 벽돌 무덤은 우리 민족 고유의 무덤 양식이 아니라 중국 남조와의 교류 과정에서 중국 양식의 영향을 받아 만들어진 무덤들이야. 송산리 고분군 안에 있는 무령왕릉이 대표적인 벽돌무덤이지.

백제를 대표하는 무덤이라고 할 수 있는 무령왕릉은 도굴이 되지 않은 상태로 1970년 초반에 발굴되었는데, 금관을 비롯한 화려한 장신구와 다리미, 수저, 젓가락 등 다양한 생활용품이 무려 4,600여 점이 발견되어 세계 고고학자들을 깜짝 놀라게 했어. 더구나 이 무덤에서는 중국 남조 유물과 백제 유물, 일본 유물이 동시에 다량으로 발굴되어 무령왕 시대의 백제가 중국 남조 및 일본과 친하게 지냈음을 입증해 주었지.

그럼 신라 무덤은 어떠했을까? 신라는 독자적인 무덤을 만들었어. 신라 수도였던 경주에 가면 푸른 잔디로 뒤덮인 거대한 원형분을 다수 볼 수 있는데, 이 무덤들은 대부분 돌무지덧널무덤이야. 돌무지 덧널무덤은 또 뭐냐고? 신라에서는 왕족이나 귀족이 죽으면 시신을 껴묻거리와 함께 나무 널에 넣은 후에 나무 덧널로 덮고 그 위를 사람 머리나 주먹 크기 정도의 냇가 돌로 수 미터 쌓아 올렸어. 돌무지를 만든 것이지. 그리고 난 후에 돌무지 위에 다시 수 미터의 흙을 쌓아 올려 10미터 이상의 높이를 가진 거대한 무덤을 만들었어. 이 무덤을 우리는 돌무지덧널무덤이라고 하지.

돌무지덧널무덤의 장점은 도굴이 거의 불가능하다는 거야. 왜 그러냐고? 생각해 봐, 사람 눈을 피해서 도굴 구멍을 내야 하는데 흙으로 뒤덮은 부분을 파고 들어가도 돌무지 지대가 있으니, 중장비를 동원하지 않고서야 이 무덤을 도굴한다는 것은 거의 불가능했지. 따라서 고구려나 백제 무덤에 비해 신라 무덤에서는 금관을 비롯한 다양한 껴묻거리가 발굴되고 있어. 천마총, 황남대총, 금관총, 서봉총 등이 껴묻거리를 다량으로 세상에 선보인 신라의 대표적인 돌무지덧널무덤들이지.

여기서 잠깐! 한 가지만 더 생각해 보고 다음으로 넘어갈까? 고구려, 백제에 비해 신라 무덤에서 껴묻거리가 많이 발굴되는 이유가 굴식 돌방무덤과 돌무지덧널무덤이라는 무덤 양식의 차이 때문만일까? 그렇지는 않을 것 같다고? 물론이야.

시기적으로 빨리 멸망했던 고구려나 백제에 비해 신라는 통일 신라로 발전하며 오랜 기간 존속했다는 것도 이유가 될 수 있으며, 신라 사람들이 고구려나 백제 사람들보다 무덤 안에 껴묻거리를 다수 넣어 놓았다는 것도 이유가 될 수 있을 거야.

가야는 주로 구덩식 덧널무덤을 만들었어. 지하로 구덩이를 파고 시신을 매장한 후에 덧널을 만들고, 그 위를 흙으로 덮어 거대한 봉분을 만들었지. 현재 고령, 함안 등에 신라 무덤만큼이나 큰 무덤이 다수 남

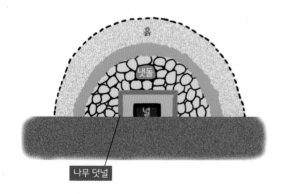

돌무지덧널무덤

가야의 무덤 발굴 모습 김해 대성동에서 발굴된 가야의 무덤이다. 구덩식 덧널무덤을 비롯한 가야의 여러 형식의 무덤이 발견되었다.

아 있어.

삼국과 가야가 있던 시대에 전라도 영산강 자락에는 마한의 후예들이 백제에 복속되기 전까지 반 독자적인 생활을 하고 있었는데, 이들은 큰 옹기에 시신을 넣고 위를 흙으로 덮는 무덤을 만들었어. 이러한 무덤을 옹관묘라고 해.

삼국의 천문 관측

삼국은 해와 달의 움직임을 살피는 천문 관측에도 힘을 기울였어. 농사에 필요해서 하기도 했지만, 더 중요한 이유는 하늘의 움직임을 왕의 권위와 연결시켜 생각했기 때문이야. 즉, 왕이 나라를 다스리는 행위는 하늘의 뜻에 따라야 한다고 여겼기에 왕과 지배층은 하늘의 움직임을 미리 예측하려고 여러 노력을 기울였던 것이지.

이러한 이유 때문에 고구려는 일찍부터 별자리 천문도를 만들었고, 고분 벽화를 그릴 때 별자리를 그려 넣기도 했어. 신라는 선덕여왕 시절에 첨성대를 만들었는데, 확실하지는 않지만 고대의 하늘 관측 기술이 집약된 천문대로 추정되고 있어.

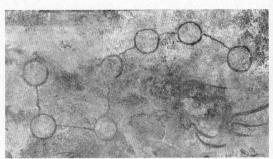

덕흥리 고분 벽화 중 북두칠성 부분 평남 강서군에 있는 고구려 시대 고분에 그려진 벽화이다. 북쪽과 동쪽에 19개의 별자리가 남아 있다. 그중 4개의 별자리는 유, 정, 위, 벽이라는 글자가 한자로 쓰여 있다. 북쪽에는 북두칠성, 동쪽에는 세발까마귀로 해를 나타냈다.

첨성대 신라 선덕여왕 때 세워진 것으로 천문 관측과 관련 있는 건축물로 추정되고 있다.

14

삼국의 **종교와 예술**은 어떠했을까?

□ 종교 생활은 어떠했나요? □ 예술 활동은 어떠했나요?
□ 삼국은 어떤 나라와 교류를 했나요?

□ 종교 생활은 어떠했나요?

삼국은 중앙 집권 체제를 정비하면서 이를 사상적으로 뒷받침할 이념이 필요했어. 국왕은 왕실을 중심으로 불교를 적극적으로 받아들여 이를 토대로 왕권도 강화하고 백성들도 한마음 한뜻으로 단결시키고자 했어. 한마디로 말해서 불교는 삼국 시대 왕들에게 '꿩 먹고 알 먹는' 일석이조의 효과를 가져다 줄 수 있는 새로운 사상이었지.

불교가 어떤 이유로 왕권 강화에 도움을 줄 수 있었냐고? 불교의 교단 조직은 다수의 신도들이 소수의 승려들을 통해 오직 한 분인 부처님에게 복을 기원하는 형태였는데, 이러한 신앙 체계는 다수의 백성들이 소수의 귀족들을 통해 오직 한 분뿐인 임금에게 충성을 다하라는 논리를 세우는 데 도움을 줄 수 있었어. 따라서 삼국 시대 각국의 왕실은 '왕은 곧 부처다'라는 홍보를 적극적으로 펼치며 왕권 강화에 발 벗고 나섰지. 게다가 삼국 시대 불교는 국가의 안녕과 발전을 비는 호국적 성격을 가지고 있었기에 왕과 국가 입장에서 불교 수용은 반드시라 할 정도로 필요한 핵심 사업이었지.

현실이 이러하다 보니 각 나라는 불교의 수용과 성장에 적극적으로 나서, 국가사업으로 거대한 사찰들을 지었어. 절 내에 탑과 불상 등을 조성하여 불교 예술 발전에도 기여했는데, 인도에서 탄생한 불교가 중국을 거쳐 한반도로 전래되면서 중국과 서역의 여러 문화를 함께 가져와 삼국의 문화 발전에 도움을 주었지.

삼국 시대의 대표적인 사찰로는 신라 진흥왕 때 세운 황룡사^{경북 경주}와 백제 무왕 시절에 세운 미륵사^{전북 익산}를 들 수 있어. 하지만 안타깝게도 이 사찰들을 오늘날에 볼 수는 없어. 왜냐고? 전쟁을 겪고, 오랜 세월이 흐르며 절이 없어져 버렸기 때문이야. 현재는 그 터만 남아 있어.

절 안에는 불교의 신앙 체계를 형상화한 여러 조형물들을 세웠는데, 불상·탑·범종·석등 등이 바로 그것들이야. 탑은 부처의 사리를 모시기 위해 세운 것으로, 삼국은 처음에는 나무로 탑을 주로 만들었으나, 점차 우리나라 산천에서 쉽게 구할 수 있는 재료인 화강암을 이용한 돌탑들을 많이 세웠어. 즉 우리나라 탑은 나무탑에서 돌탑으로 그 형식의 변천이 있었던 거지. 삼국 시대 탑으로 현재까지 전하고 있는 것은 백제의 미륵사지 석탑^{전북 익산}과 정림사지 오층석탑^{충남 부여}, 신라의 분황사 모전 석탑^{경북 경주}이 있어.

신라의 수도 경주에는 무려 80미터 높이로 우뚝 솟아 있던 탑이 황룡사 안에 있었다고 해. 9층짜리 나무탑이어서 '황룡사 구층목탑'이라 하지. 7세기 선덕여왕 시절에 만들어진 탑인데, 지금의 아파트 층수로 따지면, 28층에 해당하는 높이의 거대한 탑이었어. 아마 신라 수도 경주의 랜드 마크 역할을 톡톡히 수행했을 거야.

현재 우리나라에 전해지고 있는 탑 중에서 가장 먼저 만들어진 것은 백제의 미륵사지 석탑인데, 이 탑은 우리나라 탑이 목탑에서 석탑으로 변천되었음을 입증해 주는 탑이야. 돌로 만들어졌지만, 돌을 일일이 재단하여 목탑 세우는 형식으로 만들었거든. 즉 목탑 양식으로 지어진 돌탑이 미륵사지 석탑이야.

미륵사지 석탑 　　　　 분황사 모전석탑 　　　　 정림사지 오층석탑

　　신라의 분황사 모전석탑은 신라 석탑 가운데 가장 오래된 것으로 특이하게도 돌을 벽돌 모양으로 하나하나 다듬어 벽돌 쌓듯이 쌓아 만든 탑이야. 이런 탑을 모전석탑模塼石塔이라 하지. 모模가 '본보기가 되다'라는 뜻을 가진 한자이고 전塼은 벽돌을 말하니, 벽돌탑 형식으로 쌓은 돌탑이란 의미지.

　　불교의 융성 속에 불상도 많이 만들어졌는데, 현재 남아 있는 삼국 시대 불상 중 유명한 것은 고구려의 금동연가7년명여래입상, 백제의 서산 마애여래삼존상, 신라 경주의 배동 석조여래삼존입상이며, 삼국 시대 때는 미륵 신앙이 널리 퍼지면서 미륵보살상도 다수 제작되었어.

　　불교에서는 현재 세상을 구제하고 있는 부처님인 석가모니부처가 그 힘이 다하여 세상이 혼란스러워지면 하늘에 있는 미륵보살이 이 땅에 홀연히 내려와 중생을 구제하며 세상 질서를 새롭게 정립한다고 말하고 있어.

　　삼국 시대에 제작된 미륵보살상으로 대표적인 것은 국보 제78호와

제83호로 지정된 금동 미륵보살 반가사유상들이야. 청동으로 만들어 금물로 채색한 미륵보살상으로 반가부좌 상태로 깊은 생각에 잠겨 있기에 이러한 형태의 불상을 '금동 미륵보살 반가사유상'이라고 하지. 한 가지 놀라운 것은 이 불상과 비슷한 미륵상이 일본 교토의 고류지광륭사에 있다는 사실이야. 우리나라 미륵상이 금동 재질인데 반하여 일본 미륵상은 나무인 것만 다르고, 그 형태나 느낌은 마치 쌍둥이를 대하듯 우리나라 것과 비슷해.

반가부좌 다리 한 쪽을 반대편 다리 허벅지위에 올려놓는 자세.

따라서 학자들은 삼국 시대 때 백제나 신라에서 만든 불상을 일본이 수입해 갔거나, 그게 아니라면 삼국의 조각가가 일본에 직접 건너가서 만든 것으로 이해하고 있어. 아무튼 일본 문화재를 대표하는 고

금동미륵보살반가사유상(국보78호)　　금동미륵보살반가사유상(국보83호)　　일본 고류지의 목조미륵보살반가상

서산 마애여래삼존상(왼쪽),
경주 배동 석조여래삼존입상
(오른쪽)

류지의 목조미륵보살반가상은 삼국 시대 때 삼국과 일본이 긴밀히 교
류했다는 걸 보여 주는 직접적인 사례라고 할 수 있어.

고구려를 대표하는 불상인 금동연가7년명여래입상은 불상의 광배
뒷면에 '연가 7년'이라는 한자가 쓰여 있어. 여래는 부처의 또 다른 이
름으로 강인하면서도 은은한 부처 모습에서 고구려 사람
들의 독창성을 엿볼 수 있는 명품 불상이지.

백제의 대표 불상인 서산 마애여래삼존상은 바위 절벽
에 새겨진 부처상으로 마애는 바위 절벽을, 삼존은 세 명
의 부처가 한꺼번에 있음을 의미해. 가운데 서 계신 부처
의 미소가 후덕하면서도 온화하여 '백제의 미소'로 널리
알려져 있지.

신라의 수도였던 경주시 배동에 있는 석조여래삼존입
상은 어린아이의 해맑은 미소를 가진 감미로운 부처상으
로 신라 초기 불교의 친숙함을 잘 대변하고 있어.

한편 삼국은 중국으로부터 받아들인 도교도 유행하였
는데, 산천 숭배나 신선 사상과 결부되어 귀족들이 주로

금동연가7년명여래입상

금동대향로

믿었어. 백제 시대를 대표하는 유물인 금동대향로는 절에서 쓰는 향로 그릇으로 제작되었지만, 뚜껑에 5개의 산봉우리가 있고 계곡 사이사이에 신선들이 놀고 있는 조각이 있어서 도교의 영향을 받은 공예품임을 알 수 있지. 또한 고구려의 무덤 안에 있는 사신도 벽화에서도 도교의 영향을 살필 수 있어.

□ 예술 활동은 어떠했나요?

고구려 사람들은 굴식 돌방무덤의 내부에 벽화를 다수 남겨 놓았어. 이른 시기에 만들어진 안악 3호분에는 무덤 주인의 생전 모습이 그려져 있어서 고구려 귀족의 생활상을 알 수 있어. 무용총에는 무용하는 그림과 사냥하는 모습이 그려진 벽화가 그려져 있으며, 각저총에는 씨름하는 모습이 그려져 있어. '각저角抵'는 씨름을 한자로 표기한 것으로 씨름도가 그려져 있어서 각저총이라 이름을 붙였지. 백제의 굴식 돌방무덤에도 벽화가 그려진 것들이 있는데, 부여 능산리 고분군에 세련된 솜씨의 사신도를 그린 벽화가 현재 전하고 있어. 신라 사람들이 남긴 그림 작품으로 유명한 것은 천마총에서 출토된 천마도로 자작나무 껍질로 만든 말다래에 하늘을 나는 흰 빛깔의 천마가 그려져 있어서 신라인의 예술성을 짐작할 수 있게 하고 있어.

삼국을 대표하는 화가는 신라 황룡사 담 벽에 그림을 그렸다고 하는 솔거가 잘 알려져 있으며, 고구려의

천마총에서 출토된 천마도 (경북 경주)

승려 담징도 그림을 잘 그렸다고 해.

음악과 무용은 종교 의식과 연결되어 행해졌는데, 음악가로는 방아
타령을 지은 신라의 백결 선생, 거문고로 유명한 고구려의 왕산악, 가
야의 우륵이 현재까지 이름을 남기고 있어.

□ 삼국은 어떤 나라와 교류를 했나요?

삼국과 가야는 반도라는 지리적 위치를 최대한 활용하여 중국 및 서
역, 일본 등과 교역을 하면서 각기 자국의 문화를 발전시켰어.

고구려는 지리적으로 가까운 중국의 북조와 문화를 교류하며, 동시
에 바다를 통해 남조와도 폭넓게 교류했어. 백제는 바닷길로 중국 남조
와 통교하면서 일본과도 친하게 지냈어. 신라는 한반도의 동남쪽에 위
치한 지리적 불리함으로 인하여 초기에는 고구려나 백제를 통해 중국
과 서역 문화를 받아들였어. 하지만 한강 유역을 독차지한 이후에는 중
국과 직접 교역을 하며 신라 고유의 문화를 만들어 나갔어.

신라가 중국과 직접 교역을 하기 전에 고구려의 영향 속에 있었다는
사실을 입증하는 유물이 '호우명 그릇'이야. 이 그릇은 신라 무덤 호우
총에서 나온 유물로, 그릇 밑면에 '을묘년 국강상 광개토지호태왕'이라
는 글자가 새겨져 있어. 광개토 대왕 시절에 신라가 고구려의 도움을
받았다는 사실을 알려 주는 내용이지.

백제는 유독 중국 남조와 활발히 교류했는데, 무령왕릉이 중국 남조
의 무덤 양식인 벽돌무덤 이라는 것과 무령왕릉 부장품 중 다수가 중
국 남조계 유물들이라는 데서 확인할 수 있어.

삼국의 대외 교류사에서 특이한 것은 서역과의 교류야. 중앙아시아
우즈베키스탄의 아프라시아브 궁전의 벽화에는 고구려 사신으로 보이
는 두 사람이 그려져 있어. 또한 각저총에 그려진 씨름도의 힘 겨루는

호우명 그릇 그릇 밑면에 새
겨진 '을묘년 국강상 광개토
지호태왕'이라는 글을 통해
신라와 고구려의 관계를 짐
작해 볼 수 있다.

**아프라시아브 궁전 벽화의
각국 외교 사절단** ○표시된
조우관(새의 깃을 꽂은 관)을
쓴 사신이 고구려 사절단으
로 추정된다.

사람 중 한 명은 코가 매부리코인 걸로 보아 서역인이 분명해. 이러한 사례로 보았을 때 고구려가 서역과 직접 통교했음을 알 수 있지. 한편 신라 무덤에서는 다양한 유리 제품들이 많이 출토되고 있는데, 그중 일부는 지중해 연안에서 만들어지거나 혹은 그쪽 지방의 영향을 받아 만들어진 로마 양식의 제품들이야. 이들 제품이 어떻게 해서 한반도 동남쪽에 위치한 신라 땅에서 발견되는지는 미스터리지만, 아무튼 신라도 서역을 통해 다양한 동서 교류가 있었음을 알 수 있어.

그런데 무척 궁금한 게 하나 있어. 삼국 시대 때 일본은 삼국의 영향 속에 문화 발전을 이뤘다는데 이게 사실일까? 그럴 것 같다고? 그래 맞아. 확실한 사실이야. 삼국과 가야는 중국과 서역으로부터 받아들인 문물을 한층 발전시켜 일본 열도에 전해 주었어. 특히 가야와 백제는 일본을 형제국으로 생각하여 선진 문물을 아낌없이 전해 주어 일본 문화 발전에 큰 도움을 주었어.

각저총 씨름도 씨름하는 사람
중 왼편 사람의 부리부리한 눈
과 매부리코에서 서역 계통 사
람임을 추정할 수 있다.

왜는 5세기 후반까지도 스스로 철을 생산하지 못했기에 가야에서 생산된 철덩어리^{덩이쇠}를 수입하여 마구, 갑옷, 병기 등을 생산하였어. 그뿐만 아니라 토기 만드는 기술도 가야에서 받아들여 스에키[●]를 대량으로 만들어 낼 수 있었어.

백제는 오경박사와 승려를 파견하여 국가 제도 정비에 필요한 한자·유학·불교·역법 등을 전해 주었으며, 각종 기술자도 보내 일본 고대 문화 발전에 도움을 주었어. 고구려, 신라 또한 일본 문물 발전에 일정 부분 기여하였는데, 고구려 승려 담징은 일본에 종이와 먹을 제조하는 방법을 알려 주었으며, 신라 사람들은 배 만드는 기술과 제방 쌓는 기술을 전파해 주었어.

이처럼 일본은 삼국과 가야의 직접적인 영향 속에 문화를 발전시켰고, 이 문화를 '아스카 문화[●]'라고 해.

스에키 가야 토기의 직접적인 영향 속에 만들어진 일본 고대 토기. 스에키須惠器(수혜기)는 '질 좋은 토기'란 뜻이다.

아스카 문화 삼국과 가야 문화의 영향 속에 개화한 일본의 고대 문화. 당시 일본의 중심지였던 아스카 지방에서 문화가 꽃폈기에 '아스카 문화'라고 한다.

호국 불교와 황룡사 구층목탑

삼국 시대 불교가 호국 불교였다고 했지. 그걸 증명할 수 있는 것이 황룡사지 9층 목탑을 세운 배경에 담겨 있어. 다음은 『삼국유사』에 나오는 황룡사 구층목탑을 지은 유래야.

중국에서 불교 유학을 하던 신라의 승려 자장법사가 큰 연못 옆을 지나가는데, 갑자기 신인神人이 나타나 물었다.

"어찌하여 여기까지 이르렀는가?"

자장이 대답하였다.

"깨달음을 구하려고 왔습니다."

신인이 예를 갖추어 절을 하고 다시 물었다.

"그대의 나라에 무슨 어려운 일이라도 있는가?"

자장이 말하였다.

"우리나라는 북쪽으로 말갈과 이어져 있고 남쪽으로는 왜국과 인접해 있습니다. 고구려와 백제 두 나라가 번갈아 국경을 침범하여 이웃 나라의 도적들이 맘대로 돌아다닙니다. 이것이 백성들의 걱정입니다."

"지금 그대 나라는 여자가 왕위에 있으니 덕은 있지만 위엄이 없구려. 그래서 이웃 나라가 침략을 꾀하고 있는 것이오. 그대는 빨리 돌아가야만 하오."

자장이 의아해서 다시 물었다.

"고국에 돌아가서 어떤 이로운 일을 해야 합니까?"

"황룡사를 지키는 용이 바로 나의 맏아들이오. 범왕梵王의 명을 받고 가서 그 절을 보호하고 있소이다. 고국에 돌아가거든 황룡사 안에 9층 탑을 세우시오. 그러면 신라 주변에 있는 아홉 나라들이 항복할 것이고 그들이 와서 특산물을 바칠 것이며 왕실이 길이 편안할 것이오."

말을 마치고 신인은 홀연히 사라졌다.

이 말을 들은 자장법사는 당나라 황제가 준 불경과 불상 등을 가지고 급히 귀국하여, 선덕여왕을 만나 황룡사에 탑을 세우자고 건의했어. 탑을 구태여 9층으로 세운 이유는 '신라를 괴롭힐 가능성이 있는 주변 아홉 나라가 신라에 항복해 온다'라는 신인의 말 때문이었지.

그런데 말이야, 당시 신라의 재정 상태로 보았을 때 80미터 높이의 거대한 탑을 수도 한복판에 세운다는 것은 거의 불가능한 일이었어. 그럼에도 불구하고 나라 살림 거덜 나는 것을 각오하며 거대 탑을 조성한 이유는 불법의 힘을 빌려 나라를 지키고자 하는 호국 의지 때문이었으며, 이는 곧 신라 불교가 호국 불교였다는 것을 은연중에 증명해 주고 있어.

황룡사지 추정 복원도 황룡사와 황룡사 구층목탑을 복원한 모형도이다. 7세기 신라 선덕여왕 때 만들었으나 13세기 몽골의 침입으로 불에 타 현재 절터와 탑의 주춧돌만 남아 있다.

3 남북국이 서다

15

한층 발전한 통일 신라는
어떤 모습일까?

□ 신라의 시대 구분은 어떻게 하나요?

신라는 성립부터 멸망까지 1천여 년을 유지했던 나라야. 별거 아닌 것 같지만, 세계 역사상 거의 유래가 없을 정도로 긴 세월 동안 나라를 유지한 거지. 이처럼 오랜 기간 나라의 맥이 지탱되다 보니 안팎으로 다양한 사건들이 나타났고, 이에 김부식은 『삼국사기』에서 신라의 시대를 상대, 중대, 하대 3단계로 구분했어.

그런데 김부식은 무엇을 기준으로 신라의 시대를 구분했을까? 그는 '어느 세력이 왕위를 계승했는가?'를 기준으로 구분했어. 성골 출신이 임금을 했던 신라 성립부터 진덕여왕까지를 상대기원전 1세기 중반~7세기 중반라 했으며, 진골 출신인 김춘추가 귀족 회의를 통해 임금태종 무열왕이 된 후, 그의 직계 후손들이 임금을 계속했던 혜공왕 때까지를 중대7세기 중반 ~8세기 후반, 내물왕 계열로 임금이 교체된 선덕왕 시기부터 신라가 멸망할 때까지를 하대8세기 후반~10세기 전반라 했어.

물론, 구분된 시대에 따라 왕들의 출신 성분만 다른 것은 아니었어. 사회 발전 면에서도 상당한 차이가 있었어. 상대는 귀족들이 연합하여 중앙 집권 국가로 발전하며 고구려, 백제와 한반도의 주도권을 놓고 치열하게 싸웠던 시대였어. 중대는 전제 왕권 시기로, 나·당 연합군을 형성하여 통일을 이루고, 제도 정비를 통해 찬란한 문화의 꽃을 피웠던 신라의 전성 시대였지. 반면에 하대는 귀족들이 왕권을 다투던 시기로, 중앙 정계의 혼란을 틈타 지방 세력들이 성장해 나갔어.

□ 무열왕계는 어떻게 권력을 장악해 갔나요?

신라가 당나라와 협력 관계를 맺는 데 일등공신이었던 김춘추는 진골 출신으로는 처음으로 왕이 된 인물이야. 그는 군사권을 장악하고 있던 김유신의 도움을 받아 귀족들의 추대로 왕위에 올라 국력을 결집시켜 백제를 멸망시켰지. 그리고 뒤를 이어 왕위에 오른 아들 문무왕은 고구려를 멸망시키고 당나라군을 대동강 이북으로 쫓아내서 삼국 통일의 위업을 달성했어.

여기서 중요한 포인트는 통일 전쟁을 승리로 이끌기 위해 모든 백성이 왕을 중심으로 한마음 한뜻이 되어 뭉쳤으며, 이 과정에서 왕권이 크게 강화되어 이제는 어느 누구도 왕의 권위를 함부로 넘볼 수 없게 되었다는 점이야. 이른바 전제 왕권이 확립되었지.

문무왕의 뒤를 이어 왕위를 계승한 신문왕은 더 노골적으로 왕권 강화 정책을 추진했어. 왕의 입장에서 보면 이제 진골들은 '새 발의 피'에 불과했지.

왕의 독주를 더 이상 두고 볼 수가 없었던 진골들은 자신들의 권익을 보호하기 위해서라도 독재하는 왕을 쫓아내야 했어. 귀족들은 상대등 김흠돌을 중심으로 뭉쳐 반란을 일으켰어.

결과는? 진골의 패배로 끝났

경북 경주에 있는 대왕암. 바다에 있는 해중릉으로 문무왕릉으로 추정하고 있다.

어. 난은 진압되었고 왕의 권위만 더 강고해졌어. 이제 왕은 천상천하 지존무상의 존재가 되었고, 무열왕의 후손들은 자자손손 왕위를 계승하며 나라를 융성시켰어.

□ 새롭게 편성된 정치 체제는 어떠했나요?

통일 후 신문왕은 전제 왕권 강화를 위해 귀족들의 회의 기구인 화백 회의의 기능을 축소하고 그 의장인 상대등의 권한을 약화시켰어. 신라의 수상은 본래 상대등이었는데, 왕의 비서실장이었던 시중●으로 수상을 교체한 거지. 그리고 확대된 영토와 늘어난 인구에 걸맞게 여러 제도를 정비했어. 지방 통치 조직을 새롭게 정비하여 전국을 9주로 나누고, 주 밑에 군 또는 현을 두어 지방관을 파견했어. 또한 지방의 주요 요충지 5곳에 소경小京(작은 서울)을 두어 중앙 귀족 일부와 옛 고구려, 백제의 귀족들을 이곳에서 살게 했어. 이것은 수도인 금성경주이 한반도의 남동쪽에 치우쳐 있는 것을 보완하고, 또 이곳을 통해 지방 세력이 성장하는 것을 적절히 막기 위해서였지.

군사 제도의 정비도 있었어. 중앙군으로 9서당을 편성하였으며, 지방에는 10정을 두었지. 9서당은 신라인 외에 고구려인, 백제인, 말갈인도 함께 근무하여 서로 화합할 수 있게 하였어. 10정은 각 주마다 1정씩 설치하였는데, 국경 지

시중 侍中. 왕명 출납을 담당했던 집사부의 장관.

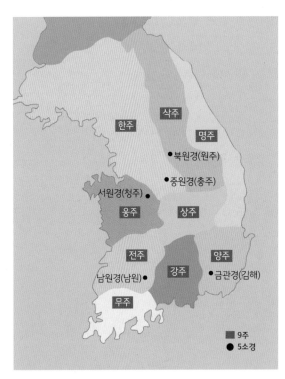

통일 신라의 지방 행정 구역

삭주
한주
명주
●북원경(원주)
●중원경(충주)
서원경(청주) ●
웅주
상주
전주
양주
강주
●금관경(김해)
남원경(남원) ●
무주
■9주
●5소경

대에 있는 한주는 국방상 중요한 지역이어서 2정을 설치했어.

□ 경제면에서의 변화는 컸나요?

신문왕의 왕권 강화 정책은 토지 제도를 정비한 것에서도 알 수 있어. 신문왕은 국가 수입을 늘리고 귀족들의 경제 기반을 약화시키기 위해 토지 제도를 정비했어. 문무 관료들에게 관료전을 지급하고 귀족들에게 주었던 녹읍*을 없앴지. 관료전을 지급한 것이 왜 왕권 강화 정책이냐고? 기존의 토지 제도인 녹읍은 귀족에게 일정한 토지를 지급하면, 그 땅에서 나오는 세금뿐만 아니라 소나 말, 심지어는 노동력까지도 귀족들이 마음대로 착취할 수 있었어. 그러나 관료전은 관리가 지급받은 땅에서 거두는 세금만 자신의 것으로 할 수 있었어. 따라서 관료전 체제 아래에서는 종래 녹읍 체제 아래에서 귀족에게 허용되었던 노동력 징발이 불가능해졌고, 귀족이 농민을 군사·경제적으로 장악하는 것이 어려워졌기에 귀족의 힘이 약화될 수밖에 없었던 거지.

8세기 중반 성덕왕 때는 농민들에게 정전*을 주어 농사를 짓게 하고 국가에 세금을 내게 했는데, 이 또한 왕권 강화 정책이라고 할 수 있어. 정전의 경작자는 귀족이 아닌 국가에 세금을 납부했기 때문에 귀족의 손아귀에서 벗어날 수 있었던 거지.

그러나 신라 중대 말기에는 왕권이 약화되고 귀족들의 힘이 다시 강화되면서 녹읍이 부활했어. 귀족들은 이를 토대로 호사스러운 생활을 할 수 있었던 반면, 농민들의 삶은 크게 피폐해졌지.

□ 어떤 나라와 교류했나요?

나·당 전쟁 이후 신라와 당은 한때 껄끄러운 관계를 유지했어. 그러

녹읍 祿邑. 녹은 '국가의 녹을 먹다.'에서처럼 봉급이란 뜻이다. 녹읍은 신라 시대 때 국가가 관료에게 직무의 대가로 지급한 논밭을 말한다. 그러나 단순히 땅만 준 것이 아니라 해당 지역에서 노동력과 공물까지 거둘 수 있는 권리를 주었다.

정전 丁田. 15세 이상 남자에게 나누어 주던 토지.

최치원(857~?)

나 옛 고구려 땅에 발해가 등장하면서 다시 친해졌지. 서로를 배신자라고 욕하며 전쟁을 했는데도 급속히 친해진 이유는 안 봐도 뻔할 '뻔'자지. 고구려의 옛 땅에서 고구려 유민들이 주축이 되어 당나라 세력을 밀어내고 새로운 나라^{발해}가 수립되니, 양국 모두 위기의식이 생길 수밖에 없었어. 그래서 미운 감정을 접어 두고 서로 친교 관계를 돈독히 하면서 활발하게 문물을 교류한 거야.

통일 전에는 신라 땅에서 나는 원료품을 주로 당나라에 수출했지만, 통일 후에는 금·은 세공품, 인삼 등을 주로 수출했어. 수입품은 고급 비단과 옷, 책, 공예품 등으로 대개가 귀족들의 사치품이었지.

이처럼 당과 활발하게 교류하면서 많은 승려와 유학생들이 당으로 건너가 불교와 유학을 배우고 왔어. 학문을 배우기 위해 당으로 떠난 신라인 중에는 당나라의 국립 대학인 국자감에서 공부한 사람도 많았어. 그들 중에는 당이 외국인을 위하여 실시한 과거인 빈공과에 합격한 사람도 적지 않았지.

신라 하대 사람인 최치원은 빈공과에 합격하여 당에서 관리 생활을 했어. 황소가 농민들을 선동하여 난을 일으키자, 반란의 주동자 황소에게 항복을 권유하는 '토황소격문[●]'이라는 글을 지어 보냈지. 그런데 그 문장이 얼마나 준엄했던지, 최치원이 글을 잘 쓴다는 소문이 당나라 전체에 널리 퍼지게 되었어.

신라 하대에 당으로 유학을 떠났던 사람들 중에는 특히 6두품 출신들이 많았어. 이들은 신라 하대에 진골들이 정치의 주도권을 행사하자 설 자리가 좁아졌지. 그 탈출구로 유학을 많이 떠났어. 귀국해서는 골품제의 모순을 타파하는 데 앞장섰는데, 진골의 힘이 워낙 강했기 때문에

토황소격문 879년(헌강왕 5년) 최치원이 당나라에서 황소의 난의 주동자 황소에게 항복을 권유하기 위해 쓴 글. 그의 시문집인 『계원필경』을 보면 황소가 이 격문을 보다가 저도 모르게 침상에서 내려왔다는 일화가 실려 있다.

그들을 넘어서지 못하고 반신라적 활동을 하면서 신라가 멸망하는 데 도움을 주는 경우가 많았어. 귀국 후에 자기 뜻대로 정치가 이루어지지 않자 가야산에 들어가 은둔하며 현실 정치를 멀리했던 말년의 최치원과 왕건 밑에 들어가 고려 왕조의 기틀을 다지는데 협조했던 최언위, 후백제 견훤을 도와주었던 최승우 등이 바로 신라 말기 대표적인 반신라적 6두품 계층이야.

신라의 대표적인 무역항은 울산항이야. 이곳에는 아라비아 상인까지도 들어왔다고 해. 이들은 진귀한 보석과 모직물은 물론이려니와 향료와 같은 남방의 특산물까지 가져와 거래했어.

무역품은 신라 귀족들의 호화 생활에 도움을 주었지. 그래서 흥덕왕은 귀족들이 '진귀한 외래품만을 즐겨 쓴다'고 하며 사치를 금지하는 명령을 내리기도 했어. 한편 신라인들이 자주 당에 왕래함에 따라 산둥 반도와 황허강 하류에는 신라인의 마을인 신라방과 신라촌이 만들어졌고 마을 안에는 신라소라는 감독관청과 신라원이라는 절까지 있었어.

일본과도 교역도 활발해서 신라에서 만든 칼은 일본에서 큰 인기를 끌었어. 또 의상, 원효와 같은 신라 승려들이 지은 책들이 일본에 소개되어 일본 불교 발전에 많은 도움을 주었어.

김춘추와 김유신은 어떤 관계인가?

태종 무열왕(김춘추, 603~661)

김유신(595~673)

신라가 삼국을 통일하는 데 가장 큰 힘을 발휘한 사람은 김춘추와 김유신이야. 그런데 두 사람은 어떤 관계였기에 의기투합하여 신라를 삼국 통일의 길로 이끌었을까? 답부터 말한다면, 김유신과 김춘추는 처남과 매제 사이였어. 김유신의 누이동생인 문희가 김춘추의 부인이었거든.

김유신에게는 누이가 두 명 있었어. 첫째가 보희요, 둘째가 문희였지. 유신은 지략이 뛰어난 춘추가 마음에 들었어. 그래서 누이동생과 결혼시키려 작정했지. 하지만 춘추가 동생을 맘에 들어 할지 몰라 은밀히 작전을 짰어. 공차기를 하면서 의도적으로 춘추의 옷고름을 밟아 떼어 버렸어. 그러고는 춘추에게 자기 집에 가서 술이나 한 잔 하며 옷고름을 다시 달자고 말했어.

둘은 사이좋게 유신의 집으로 갔어. 유신은 춘추에게 맛난 음식을 권하며, 큰 동생 보희를 불러 고름을 달게 했지. 그런데 보희는 부끄러워하며 나오지 않았어. 다시 춘추는 문희를 불렀어. 적극적인 성격의 소유자였던 문희는 주저하지 않고 잽싸게 나와서 춘추의 옷고름을 달아 주었지. 이 일을 계기로 춘추와 문희는 사랑에 빠졌고, 우여곡절 끝에 부부가 되었어.

그런데 재미있는 일화가 있어. 문희가 춘추와 결혼하여 왕비가 된 것은 순전히 언니인 보희의 꿈 덕분이었다고 해. 문희가 춘추를 처음 보던 날 아침에 보희에게 꿈 이야기를 들었어. 보희가 밤중에 꿈을 꾸었는데, 경주 남산 정상에서 오줌을 누어 경주 전체를 오줌 바다로 만들어 버리는 꿈이었어. 보희가 별 이상한 꿈도 다 있다며 문희에게 이야기를 해 주자, 문희는 그 꿈을 자기에게 팔라고 했어. 보희는 아무 생각 없이 동생에게 꿈을 팔아 버렸어. 결과는? 그 꿈은 왕비가 될 것을 암시하는 꿈이었다고 해. 왜 그러냐고? 생각해 봐. 신라의 수도인 경주 전체를 자기 오줌으로 잠기게 해 버렸으니, 결국 신라 전체가 자기 것이 된다는 암시였던 게지. 어찌 보면, 보희는 한순간의 실수로 왕비가 될 기회를 놓치고 만 것인지도 몰라.

신문왕을 만나다

오늘은 신문왕을 만나 보겠습니다.

어떤 정치를 하셨나요?

에, 귀족 세력을 숙청하고 집사부 중심으로 관청을 정비했지요.

또, 귀족 세력을 약화시키기 위해

관료전을 지급하고 녹읍을 폐지했을 뿐만 아니라

군사 제도를 정비하고 국학을 설치하고 유학을 교육했답니다.

의상이 화엄종을 개창한 것도 이 즈음이죠.

한마디로 이 신문왕 덕분에 전제 왕권이 확립되었고 진골 귀족이 약화되었으며 6두품이 두각을 나타내게 되었다고나 할까~

이상, 통일 신라에서 전해드렸습니다.

좀 쑥스럽구만~

16 통일 신라의 문화는
어떠했을까?

- □ 백성들까지 불교를 믿게 되었나요? □ 불교 융성과 더불어 예술도 발전했나요?
- □ 유학과 한문학도 성장했나요?

□ 백성들까지 불교를 믿게 되었나요?

신라는 삼국을 통일한 이후 확대된 사회·경제적 기반 위에서 고구려와 백제의 문화를 흡수하고 당의 문화를 받아들여 한층 내용이 풍성해진 민족 문화를 발전시킬 수 있었어.

신라의 문화 발전에 큰 터전을 마련해 준 종교는 불교였어. 원효와 의상 같은 학식이 뛰어난 승려들이 배출되며 불교 이론 체계화 및 신라인의 신앙생활에 큰 영향을 주었을 뿐만 아니라, 예술 발전에도 지대한 기여를 했어.

신라 땅 안에서 스스로 불법을 구했던 원효는 신라 불교가 여러 종파로 나뉘어 대립하자, 각 종파 간의 이론적 대립과 다툼을 극복할 수 있는 방법을 제시하여 신라 불교를 사상적으로 크게 진보시켰어. 원효의 이 사상을 '화쟁和諍사상'이라고 하는데, 화쟁의 화和가 '화합한다'는 뜻이고, 쟁諍이 '다투다'라는 의미이니, 서로 싸우지 말고 화합하자는 의미에서 붙여진 이름이지. 또한 원효는 전국 방방곡곡을 떠돌며 정토 신앙을 전파하여 불교의 대중화에 기여했어. 정토 신앙이 뭐냐고? 불교의 어려운 교리를 이해하지 못하더라도 입으로 '나무아미타불'만 열심히 외우면 누구나 극락에 갈 수 있다는 신앙이야. 나무가 '귀의 한다'

는 뜻이니, 나무아미타불은 '부처님께 귀의 합니다'라는 의미로, 이것만 열심히 외우면 왕이건 귀족이건 천민이건 신분을 가리지 않고 누구나 극락에 갈 수 있다는 얘기였지. 불교계의 최고 인기 스타인 원효가 이렇게 말하고 다녔으니, 일반 백성들도 불교를 손쉽게 믿을 수 있게 되었어. 그러면서 기존의 왕실과 귀족 위주로 신봉되던 불교가 자연스럽게 일반 백성에게 널리 퍼지게 되었지.

의상은 당나라에서 화엄 불교를 공부하고 돌아온 승려로서, 신라에 화엄종을 처음으로 소개하여 신라 불교가 화엄종 위주로 발전하는데 공헌했어. 그가 강조했던 '하나가 전체요, 전체가 하나다—即多 多即—(일즉다 다즉일)'라는 화엄 사상의 핵심 교리는 '세상 모든 것들은 서로 의존하는 관계 속에서 조화를 이루고 있음'을 강조한 사상이야. 이는 대립에서 화해와 통일로 나아가고자 했던 통일 직후의 신라 사회를 국왕 중심으로 통합하는 데 도움을 주었어.

의상(625~702)

한편 혜초는 당나라 유학 도중에 불교가 탄생한 나라인 인도를 4년간 순례하고 중국 땅으로 되돌아 와서 인도 여행기를 남겼는데, 이 여행기가 『왕오천축국전往五天竺國傳』이야. 왕往은 '가다'는 뜻이고, 천축국은 '인도'를 말하니, '인도와 그 근방에 있는 5개 나라를 돌아보고 쓴 책' 정도로 제목 풀이를 할 수 있어. 현재 이 책은 프랑스 파리 국립 도서관에 보관되어 있으며, 8세기 당시 인도와 중앙아시아 지역의 종교와 풍속, 문화를 자세히 살펴볼 수 있는 귀중한 자료로 인정받고 있어.

왕오천축국전(往五天竺國傳)
승려 혜초가 고대 인도의 5개국을 기행하고 돌아와 쓴 기행문. 1908년에 중국 간쑤성 둔황의 석불에서 발견되었으며, 현재는 프랑스 파리 국립 도서관에 있다.

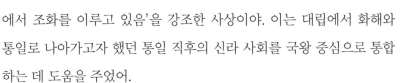

□ 불교 융성과 더불어 예술도 발전했나요?

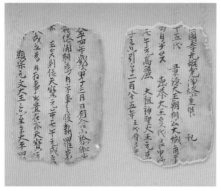

석가탑(위), 무구정광대다라니경(아래)

삼국 통일로 평화와 안정을 되찾은 신라인들은 불국토의 이상 세계를 신라 땅에 이루기를 기원하면서 뛰어난 불교 예술품들을 창작해 냈어.

불국사와 석굴암은 통일 이후의 신라 시대를 대표하는 불교 건축물로 8세기 중반에 귀족 김대성이 발원하여 만들었어.『삼국유사』에 따르면 불국사는 김대성이 현생의 부모를 위하여, 석불사^{현재 석굴암}는 전생의 부모를 위하여 지었다고 하는데, 둘 다 당대 최고의 건축 기술과 예술성을 간직하고 있어.

건물과 탑을 균형 있게 배치하여 불교의 이상 세계를 적절하게 나타낸 불국사에는 두 기의 석탑이 서 있는데, 그 이름도 유명한 석가탑^{불국사 삼층석탑}과 다보탑이야. 석가탑은 통일 신라 시대에 만들어진 돌탑의 전형으로 통일 신라 시대에는 석가탑처럼 이중 기단 위에 3층으로 탑신을 쌓는 석탑 양식이 크게 유행했어. 석가탑에서는 현대에 들어와 보수하는 과정에서 무구정광대다라니경이 발견되었는데, 이 목판 인쇄물은 현존하는 세계에서 가장 오래된 목판 인쇄물이야.

화강암을 다듬어 쌓아 만든 석굴암은 치밀한 수학적 계산을 통해 조성한 인공 석굴 사원이야. 본존 불상을 중심으로 원형 벽면에 보살상과 승려상을 부조로 배치해 놓아 신라인의 불교적 이상 세계를 알 수 있게 해 줌과 동시에 불상 조각의 아름다움이 매우 뛰어나 세계적인 걸

작으로 평가받고 있어. 여기에 신라인들은 경주 남산의 계곡 곳곳에 다양한 형태의 불상과 마애불*, 석탑들을 조성해 놓아 신라 사람들이 경주, 더 나아가서 신라 전체를 부처님의 나라불국토로 만들려 했음을 알 수 있게 해 줘.

한편 신라 말기로 접어들며 탑은 정형화된 3층 석탑 양식에서 탈피하여 다양한 형태의 석탑이 세워졌어. 또한 불교의 융성 속에 장례 풍속으로 화장이 유행했는데, 신라 말기로 접어들며 선종 불교의 확산과 더불어 승탑과 탑비가 만들어지기 시작했어. 승탑이 뭐냐고? 승려들의 사리*를 모신 조형물이야. 탑비는? 돌아가신 승려를 추모하기 위해 그의 일대기를 새겨 놓은 비석이야.

전남 화순의 쌍봉사에 있는 철감선사탑이 신라 말기 승탑을 대표하며, 탑비는 충남 보령 성주사지의 낭혜화상탑비가 유명하지.

여기서 잠깐! 궁금증을 하나 해결하고 다음으로 넘어가자. 선종 승려들은 무슨 돈이 있어서 큼지막한 승탑과 탑비들을 제작할 수 있었을까? 절에 돈이 많았다고? 그건 아니야. 신라 말기 등장한 호족들이 승탑과 탑비를 만드는 데 드는 돈을 대 주었어. 즉 호족이라는 든든한 물주가 있었기에 조형적으로 우수한 승탑들이 다수 만들어졌던 것이지.

범종도 통일 신라 시대에 만들어진 것이 크기나 소리 울림이 가장 뛰어나지. 상원사 동종은 현재 전해지는 가장 오래된 종으로 유명하며, 성덕대왕신종에밀레종*은 크기도 크기지만 종 표면에 부조된 비천상 무늬와 맑고 고운 종소리로 인해 세계가 알아주는 명품 종이야. 조형미가 탁월한 석등으로는 법주사충북 보은의 쌍사자 석등이 맨 앞을 차지하고 있어.

이 외에도 여러 방면에서 문화가 융성했어. 지배층이 죽으면 주로 굴식 돌방무덤으로 조성했는데, 무덤 주위에 둘레돌을 두르고 12지신상을 조각하는 형태가 통일 신라 시대에 새롭게 등장했어. 성덕왕릉과

마애불 자연적으로 형성된 바위 절벽에 새긴 불상.

사리 석가모니나 성자의 유골. 후세에는 화장한 뒤에 나오는 구슬 모양의 것만 이른다.

성덕대왕신종 '에밀레종'으로 더 잘 알려진 통일 신라의 대표 범종이다.

통일 신라의 불교 예술

쌍봉사 철감선사탑(전남 화순)

보령 성주사지 낭혜화상탑비(충남 보령)

법주사 쌍사자 석등(충북 보은)

상원사 동종(강원 평창)

성덕대왕신종(경북 경주)

경주 남산 마애불(경북 경주)

원성왕릉, 김유신 장군 묘의 12지신상이 유명하며, 이러한 양식은 고려와 조선의 왕릉으로 계승되었지.

궁궐 안에 인공 연못으로 조성된 안압지는 통일 신라인의 뛰어난 조경 기술을 보여 주는 구조물로, 연못 안에서 14면 주령구[●], 금동 가위를 비롯한 수많은 유물들이 출토되어 신라 왕실과 귀족들의 화려한 생활상을 엿볼 수 있게 해 줘.

□ 유학과 한문학도 성장했나요?

한편 통일 신라는 유학을 정치 이념으로 삼아 왕권을 강화하고자 했기에 신문왕은 국학을 설립하여 유학 교육을 실시하였어. 원성왕^{신라 제} 38대 왕 시대에는 유교 경전의 이해 수준을 평가하여 관리를 선발하는 독서삼품과[●]를 실시했는데, 이 제도의 실시로 유학 교육의 질적 향상과 더불어 관리 선발 기준의 폭도 일정 부분 확대되었어.

한 가지 특이한 것은 유학과 한문학에 밝은 학자들 다수가 신분적으

주령구 나무로 된 14면 주사위로 '술 석 잔 한 번에 마시기', '시 한 수 읊기', '소리 없이 춤추기', '여러 사람이 코 때리기' 등 다양한 벌칙이 면마다 새겨져 있다. 주령구(酒令具)란 '술자리에서 가지고 노는 놀이 도구'라는 뜻으로 신라 귀족들의 놀이 모습을 짐작할 수 있게 한다.

독서삼품과 국학 학생의 졸업시험과 같은 제도로 유교 경전 독해 능력을 시험하여 상·중·하로 매겨 관리 채용에 활용하였다. 진골 귀족의 반발로 제대로 시행하지는 못했으나 유학을 널리 보급하는 데는 기여했다.

성골   진골   6두품   5두품   4두품   1~3두품

골품제 신라가 군장 세력을 통합하여 고대 국가로 발전하는 과정에서 만들어진 신분 제도. 왕족은 성골, 진골로 편성하였고, 군장 세력은 세력 여하에 따라 6두품, 5두품, 4두품 등으로 편성하였다.

로 6두품이었다는 거야. 아니! 진골이 아니고 6두품이라니? 이런 의문을 품을 수 있겠지? 도대체 왜 그랬을까? 여기에는 분명한 이유가 있어. 신라 사회는 골품제에 의하여 신분이 구별된 명확한 신분제 사회였어. 이런 사회에서 6두품의 정계 진출은 제아무리 똑똑해도 한계가 있었어. 관직만 그랬다면 그래도 한결 나았을 거야. 허나 신라는 집의 크기는 물론 사용하는 수레, 그릇의 종류, 심지어는 입는 옷의 옷감까지도 신분에 따라 차별을 둔 사회였어. 현실이 이러하니, 6두품 계층의 진골에 대한 불만은 상당했지. 이러한 신분적 제약 속에서 6두품이 자기들의 능력을 펼칠 수 있는 길은 승려가 되거나 학자가 되는 길 뿐이었어. 통일 신라 시대에 학문이나 사상가로 명성을 날렸던 원효, 설총, 강수, 최치원이 모두 6두품 출신인 이유지.

설총은 유학을 깊게 연구하였으며, 한자의 뜻과 음을 빌려 우리말을 표현한 이두를 체계적으로 정리하여 우리말을 쉽게 기록할 수 있게 했어. 그뿐만 아니라 신문왕에게 '화왕계*'를 올려 진골 중심의 정치 현실과 문제점을 지적했어. 강수는 외교 문서 작성을 잘해서 신라의 삼국 통일에 도움을 주었으며 그 이름을 당나라에까지 떨쳤어. 신라 하대의 대학자 최치원은 오늘날까지 문장의 대가로 이름을 전하고 있어. 당나라 유학 도중 빈공과에 합격하여 당나라 관리로 근무하며 문장력을 떨쳤으며, 자신의 글들을 모은 개인 문집인 『계원필경』을 엮었어.

진골 출신에서도 몇몇 학자가 배출되었는데, 신라의 역사와 풍토에 관한 책인 『화랑세기』, 『고승전』, 『한산기』 등을 저술하여 신라 문화를 주체적으로 인식하려 한 김대문, 신라 화엄종을 창시한 의상이 대표적이야.

화왕계 『삼국사기』의 「설총전」에 나오는 이야기로, 설총이 신문왕에게 지어 올렸다고 한다. '꽃의 나라를 다스리는 왕은 처음에 겉모습만 보고 장미꽃을 사랑하였다가 뒤이어 등장한 할미꽃의 충직한 모습에 마음이 변하여 할미꽃의 정직한 도리를 따르게 된다.'라는 내용이다. 장미꽃은 겉만 번지르르한 진골을, 할미꽃은 겉은 별 볼일 없지만 속이 꽉 들어차 왕에게 충성을 다하는 6두품을 상징화한 것으로 설총은 왕에게 6두품 세력의 적극적인 등용을 권하고 있다.

통일 신라 시대 석탑 중
다보탑만 모양이 다른 까닭은?

통일 신라 시대 석탑은 대부분이 석가탑처럼 이중의 높은 기단 위에 3층 탑신으로 만들어졌어. 허나 석가탑 옆에서 화려한 자태를 뽐내고 있는 다보탑만큼은 신라 석탑의 전형에서 완전히 동떨어진 형태로 만들어져서 사람들의 머리를 갸웃거리게 해. 분명 석가탑과 다보탑은 같은 시기에 만들어졌는데, 왜 석공은 다보탑만 다른 탑들과 형태가 다른 이형탑으로 만들었을까?

그 이유는 불교 경전 중의 하나인 『법화경』의 「견보탑품見寶塔品」을 살피면 알 수 있어.

석가모니 이전 부처로 과거 세상을 다스린 부처님이 계셨다. 이름이 다보여래였다. 이 부처가 생전에 "내가 죽은 뒤에 어디서든지 『법화경』을 공부하는 곳이 있으면, 그 앞에 탑 모양으로 나타나 '참말로 잘하는 일이다.'라고 칭찬하리라." 하고 말했다. 그런데 석가모니가 『법화경』의 진리를 제자들에게 침을 튀겨 가며 설법하고 있었다. 이때 마침 땅속에서 일곱 가지 보물로 장식된 화려한 탑이 솟아올라 왔다. 다보 여래가 약속한 말이 드디어 현실이 된 것이다.

이런 사연이 있기에 다보탑은 일반 탑과는 다르게 각종 보물로 화려하게 치장된 형태의 이형탑으로 조성되었어. 그런데 왜 불국사 경내에 구태여 석가탑과 함께 다보탑을 세워 놓았을까? 그 이유는 절을 찾는 사람들에게 석가모니부처님의 위엄을 다보여래가 증명한 『법화경』의 진리를 눈으로 직접 대할 수 있게 하기 위해서였다고 말할 수 있어. 석가탑은 석가모니부처를 다보탑은 다보 여래를 형상화한 것이라 할 수 있지.

다보탑

17

해동성국 발해는
어떤 나라였을까?

□ 발해는 우리 역사인가요? □ 대조영은 어떻게 발해를 건설했나요?
□ 발해는 어떻게 발전했나요? □ 발해의 정치 제도와 대외 교류는 어떠했나요?
□ 발해가 멸망한 이유는 무엇이었나요? □ 학문과 예술은 어떻게 꽃피웠나요?

□ 발해는 우리 역사인가요?

우리는 지금 이 순간에도 발해사를 우리 민족의 역사로 믿어 의심치
않고 있어. 그러나 중국은 발해를 '당나라의 지방 정권'이라고 하면서
그들의 역사 속에 편입시키려 하고 있지. 중국이 이처럼 막무가내로 나
오는 이유는 발해가 현재 자신들의 영역인 만주에 기반을 두고 세워졌
던 나라이고, 또 발해 사람들 대다수가 말갈족*이었기 때문이야.

그러나 발해는 우리 민족이 세운 나라임이 분명해. 일단 발해를 건
국한 대조영이 고구려 사람이었어. 9세기 전반 당나라 역사를 기록한
중국의 역사책인 『구당서』는 대조영을 '본래 고구려의 또 다른 종족이
다本高麗別種'라고 기록하고 있어. 『오대회요』*에는 '고구려 종자다高麗種'
로 기록되어 있고, 남송 시대의 책인 『송막기문』*은 발해 유력 귀족의
성씨로 '고高, 장張, 양楊, 이李 씨'가 있다고 기록하고 있지. 또한 발해가
일본에 파견한 사신 85명 중 26명이 고구려식 이름이었고, 6명만 만주
족 이름이었어. 한편 발해가 일본에 보낸 국서에 발해 왕은 본인이 고
구려 국왕임을 확실하게 밝히고 있어.

발해 문화를 보아도 발해의 국가 정체성은 분명히 알 수 있어. 온돌이
나 기와를 비롯한 발해의 유적지에서 발굴된 유물들 중 대다수는 고구려

말갈족 숙신, 읍루라 불렸던
종족으로 후에 여진이라 했
다. 현재는 중국의 한족에 포
함되어 만주족으로 불리고
있다.

『오대회요』 10세기 중반에
5대의 역사를 쓴 책. 5대는 당
나라가 망한 후에 연이어 나
타나 중국의 북쪽 지역을 장
악했던 다섯 나라(후량, 후당,
후진, 후한, 후주)를 말한다.

『송막기문』 중국 남송 시대
에 지은 금나라 견문록.

발해의 온돌 유적(왼쪽)과
막새 기와(오른쪽)

의 문화를 이어 받은 것이지. 이와 같은 여러 가지 이유로 발해는 고구려
를 계승한 우리 민족이 세운 국가임을 명확히 알 수 있어. 따라서 발해의
역사는 우리 민족의 역사야. 중국이 따따부따 한다고 해서 중국의 역사에
편입시킬 수는 없어.

□ 대조영은 어떻게 발해를 건설했나요?

고구려가 멸망한 후, 고구려 사람들은 힘든 세월
을 보내야만 했어. 일부 귀족들은 당으로 끌려갔고,
약 3만 8천여 가구는 가족 전체가 랴오시의 영주
지방으로 강제 이주되었어. 그럼에도 불구하고 고
구려 유민들은 당의 지배에서 벗어나기 위하여 노
력했지.

영주에 강제 이주되었던 사람들 중에 고구려의
옛 장군인 걸걸중상과 그의 아들 조영이 있었어. 이
들은 당의 속박에서 벗어나기 위해 기회를 노렸어.
그러다가 당의 감시가 소홀한 틈을 타서 걸사비우

라는 말갈 장수와 연합하여 반란을 일으켰지. 당은 즉시 토벌군을 파견했어. 걸걸중상군과 당군 사이에 치열한 공방전이 벌어졌고, 이 전투에서 걸사비우가 죽었어. 간신히 살아남은 걸걸중상은 홀로 무리를 이끌고 랴오허를 건너 동쪽으로 이동했어. 하지만 이동 도중에 걸걸중상도 죽고 말았지. 이제 고구려 부흥은 아들 조영에게 맡겨지게 되었어. 조영은 쫓아오는 당군을 천문령이라는 곳에서 물리치고, 고구려 유민과 말갈인을 모아 길림성 동모산 부근에 나라를 세웠어. 이때가 698년. 나라 이름을 '진震'이라 했어. 그 후 조영은 자신의 성을 '대'씨로 정하고, 나라 이름을 발해만까지 뻗어 나가라는 의미에서 '발해'로 고쳤어.

□ 발해는 어떻게 발전했나요?

발해의 건국으로 우리 민족은 고구려의 옛 땅을 다시 우리 땅으로 만들게 되었지. 이제 우리 민족이 조상 대대로 뿌리를 내리고 살았던 만주와 한반도에는 두 개의 국가, 곧 발해와 신라가 떡하니 버티고 서서 남북국 시대를 형성했어.

그런데 성립 초기의 발해는 신라와 사이가 좋았을까?

별로 좋지 않았을 것 같다고?

그래 맞아. 고구려를 멸망시킨 신라와 고구려를 승계한 발해가 사이 좋게 지낼 수는 없었지. 그럼, 발해는 당과는 친했을까? 생각하고 말 것도 없어. 당과는 당연히 대립했지. 그렇다면 신라와 당은? 만주에 발해가 들어서자, 당과 신라는 급속히 친한 모드로 바뀌었어. 이러한 정세 변동 상황에서 발해는 북쪽의 돌궐 및 바다 건너 일본과 친하게 지내면서 당과 신라의 협공을 막아 내려 했어.

대조영에 이어서 임금이 된 무왕은 당이 발해의 지배하에 있던 말갈족흑수말갈을 꾀어 국론을 분열시키려 하자, 장군 장문휴로 하여금 산둥 지방을 공격하게 하는 등 당과 치열하게 대립했어. 언제까지 대립했냐고? 오래 가지는 않았어. 양국의 대립은 3대 문왕 때부터 점차 나아졌어. 문왕은 당과 친선 관계를 맺고 당의 문물과 제도를 받아들이는 데 힘썼지.

발해의 수도였던 상경성 유적지. 중국 헤이룽강 닝안시 보하이진에 있다.

한편, 문왕 시대부터는 발해와 신라와의 교류도 이루어졌어. 발해에서 신라로 가는 교통로^{신라도}가 열려서 사절단이 오고 갔어.

발해의 전성기는 9세기 전반, 선왕 때였어. 이 무렵 발해는 당에 유학생을 보내는 등 당의 문물과 제도를 적극적으로 수용하였어. 그리고 말갈의 여러 부족을 복속시키고, 서쪽으로는 랴오둥 지방까지 진출하였지. 이리하여 고구려의 옛 땅 대부분이 발해 땅이 되었어. 이 시기에 발해가 얼마나 번성했던지, 중국에서는 발해를 '바다 동쪽의 융성한 나라'라는 의미의 해동성국이라 불렀어.

☐ 발해의 정치 제도와 대외 교류는 어떠했나요?

발해는 3대 문왕 이후 당의 문물과 제도를 적극 수용했어. 국가의 정치 체제를 확립한 거지. 중앙에는 왕 밑에 정당성, 선조성, 중대성 등 3성을 두고 그 아래 6부를 설치하여 3성 6부제로 운영했어. 이 제도는 당의 3성 6부제를 수용하여 만들었지만, 운영은 발해만의 독특한 방식으로 했어. 예를 들어 3성은 정당성을 중심으로 선조성과 중대성으로 나누어 운영했고, 정당성 아래 6부를 두어 나랏일을 처리하게 했어. 그리고 6부의 명칭도 당나라가 '이부, 호부, 예부, 병부, 형부, 공부'라고 했던 데 반해,

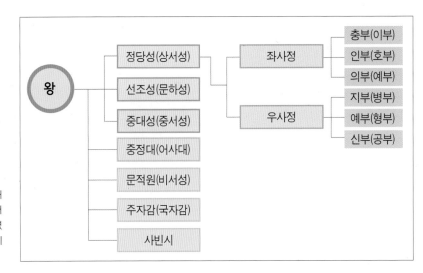

발해의 중앙 행정 기구 발해는 당나라의 3성 6부를 본떠 중앙 행정 기구를 정비하였다. ( ) 안은 당나라의 관제이다.

발해는 유교의 덕목인 '충, 인, 의, 지, 예, 신'을 사용하여 '충부, 인부, 의부, 지부, 예부, 신부'라 했어. 그리고 국가의 중요한 일은 귀족들이 정당성에 모여서 회의를 통해 결정했지.

행정 조직의 최말단에 있는 촌락은 토착 세력^{말갈 수령}에 의해 운영되었어. 말갈 수령은 중앙의 간섭을 크게 받지 않으며 독자적으로 지방 통치를 했어. 실제 일본에 사신을 보낼 때도 말갈 수령이 독자적으로 사절단을 꾸려 보내기도 했어. 이는 부족 단위로 살아가는 말갈의 전통적 조직이 그대로 유지되면서 지배층을 형성하고 있는 고구려 계통과 조화를 이루기 위해서였다고 추정할 수 있어.

발해 중대성에서 일본에 보낸 외교 문서의 필사본. 발해 사신단의 명단이 적혀 있다.

한편 발해는 넓은 영토를 효과적으로 통치함과 동시에 주변 국가인 당, 신라, 일본, 거란 등과 활발히 교류하기 위하여 교통로를 개설하여 운영하였어.

대표적인 교통로로 영주도, 조공도, 신라도, 일본도, 거란도가 있었는데, 당과의 교류는 육로인 영주도와 바닷길인

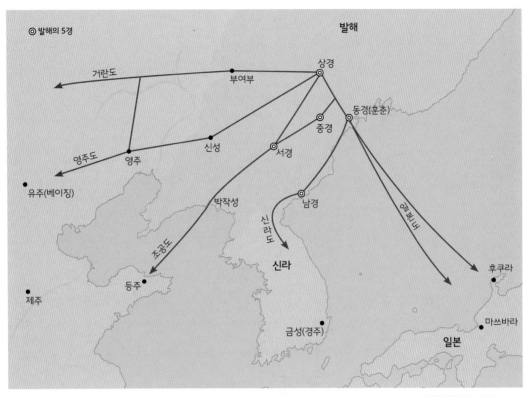

발해의 영토와 교역로

조공도를 통해 이루어졌어. 중국의 산둥 반도에 있는 무역항 등주에는 발해인의 숙소인 발해관이 설치되어 있었으며, 발해에서 중국 당나라로 유학을 가는 학생들도 많았어. 빈공과에 합격하여 당에서 관리를 하는 사람들도 다수 있었고 말이야.

발해와 당의 무역품은 발해에서는 모피와 약재, 공예품을 주로 수출했고, 당에서는 비단과 서적, 문구류 등이 발해로 넘어왔어.

발해는 일본과도 교류를 활발하게 전개하였는데, 건국 초기에는 당과 신라를 견제할 목적에서 이루어졌어. 그러나 점차 나라가 안정적으로 운영되면서는 경제적·문화적 목적에서 교류를 했어. 사절단은 한번 갈 때 백여 명 정도씩 파견했는데, 약재와 모피류를 일본에 수출했고, 일본으로부터는 비단, 황금, 수은 등을 수입했어.

신라와는 대체적으로 대립, 경쟁하는 관계였으나, 그렇다고 해서 교류가 전혀 이루어지지 않은 것은 아니었어. 발해의 동경에서 신라 국경까지 말을 갈아탈 수 있는 여러 개의 역이 설치되어 있었으며, 신라도를 통해 신라와도 꾸준히 교류했어.

□ 발해가 멸망한 이유는 무엇이었나요?

이러한 정치 체제하에 번영을 누렸던 발해는 9세기 말부터 국력이 급격히 약화되더니 급기야는 거란의 침략을 받아 10세기 전반인 926년에 멸망하고 말았어.

발해의 멸망은 어찌 보면 미스터리야. 해동성국이라고 당나라 사람들에게 부러움을 사기까지 했던 발해가 멸망했는데도 역사는 이를 자세히 전하지 않고 있어. 그저 거란의 공격을 받은 지 3일 만에 힘없이 무너졌다는 기록만 간략하게 전할 뿐이지.

왜 그럴까? 자세한 기록이 없어서 답하기는 힘들지만, 당시의 상황으로 미루어 볼 때 발해 내부의 종족 갈등이 원인이 되어 힘없이 무너졌다고 말할 수 있어. 9세기 후반 이후, 지배층인 고구려인과 피지배층인 말갈족 사이에 내부 분열이 생기면서, 국력이 급속히 약화되어 결국 발해는 서쪽에서 성장하고 있던 거란족에게 무장 해제를 당하고 말았던 거야[926].

그런데 발해가 멸망할 때에 고구려 계통의 백성들은 어떻게 행동했을까? 대부분의 발해 유민들은 거란족이 세운 요나라에 그대로 머물렀어. 그러나 거란의 지배에 끝까지 저항했던 사람들은 고려로 망명해 왔지. 발해가 멸망할 때의 고려는 태조 왕건이 다스리던 시기로, 왕건은 고구려를 계승했다는 의미에서 나라 이름을 '고려'로 정할 정도로 고구려 계승 의식이 투철했던 사람이었어. 따라서 왕건은 고구려의 후예

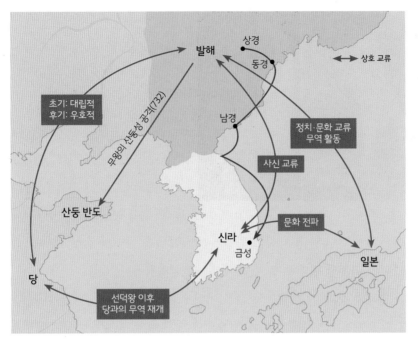

발해의 대외 문화 교류

들이 세운 발해가 멸망하자, 발해로부터 넘어오는 고구려 계통 사람들
을 적극적으로 받아들였어. 발해 왕자였던 대광현이 대표적 인물로, 그
는 다수의 무리를 이끌고 고려에 망명을 신청하여 작위와 함께 왕계라
는 이름까지 하사받으며 고려 땅에 정착했어. 이때 다수의 발해 사람들
이 고려로 넘어와서 고려 사람이 되었고.

□ 학문과 예술은 어떻게 꽃피웠나요?

발해 또한 통일 신라처럼 유교 이념을 적극적으로 받아들였어. 그
리고 주자감을 설치하여 귀족 자제들 위주로 유학 교육도 실시했어.
여기에 당나라에 유학생을 다수 파견하였는데, 이들은 신라 유학생과
경쟁을 벌이며 당에서 빈공과에 합격하여 발해의 유학 실력을 유감없
이 뽐냈어. 한문학 실력 또한 수준이 높아서 일본에 사신으로 갔던 양

왼쪽부터 상경성 석등, 정혜
공주묘 돌사자상, 이불병좌상

태사와 왕효렴은 명문장의 한시를 지어서 일본 사람들을 탄복시켰어.

발해 땅에서는 불교도 융성했어. 수도였던 상경성과 중경성에 여러 절이 지어졌으며, 다수의 승려를 당나라에 유학 보냈어. 한편 당이나 일본에 파견된 발해 사신들이 현지에서 사찰을 참배한 걸로 보아 발해에서는 귀족층 위주로 불교가 크게 신봉되었음을 알 수 있어.

발해의 문화는? 고구려 문화를 기반으로 당나라 문화를 수용하고, 말갈의 토착 문화도 융합시킨 복합 문화였어.

발해의 수도 상경성은 당의 장안성을 모방하여 건설한 계획도시로, 궁성 정문에서 외성 남문까지를 일직선으로 연결한 주작대로가 있었어. 무덤 양식은 고구려의 굴식 돌방무덤을 주로 따르고 있는데, 정혜 공주 무덤중국 지린성 둔화현 소재은 모줄임천장● 구조를 지닌 전형적인 고구려식 굴식 돌방무덤이야. 반면에 정효 공주 무덤중국 지린성 허룡현 소재은 벽돌무덤으로 당과 고구려 양식이 혼합된 무덤이며, 말갈의 전통 무덤인 흙무덤도 다수 만들어졌어.

한편 발해의 궁궐터나 절터에서는 기와와 토기, 불상, 돌사자, 석등 등의 유물이 많이 발굴되고 있는데, 이것들은 대체로 직선적이고 강건한 고구려 양식을 바탕으로 발해 특유의 독창성이 가미되어 있어. 두 부처가 나란히 앉아 있는 이불병좌상중국 지린성 훈춘 출토과 정혜 공주 무덤에서 출토된 돌사자상, 상경성의 옛 절터를 지키고 있는 6.3미터 크기의 거대 석등이 발해의 예술을 대표하고 있어.

모줄임천장 네 모서리에 굄돌을 걸쳐 가며 층층이 줄어가는 형식으로 쌓은 천장 구조. 고구려 고분의 천장이 주로 이 방식으로 만들어졌다.

발해 멸망은 화산 폭발 때문?

　거란의 시조인 예리아포치는 발해를 공격한 지 3일 만에 발해 왕 인선에게 항복을 받아 냈어. 그야말로 눈 깜짝할 새에 발해를 지구상에서 사라지게 만든 것이지. 한때는 해동성국이라 불릴 정도로 융성한 나라였던 발해가 이토록 쉽게 무너지다니, 해도 너무한 거 아냐? 그래서 학자들은 발해의 멸망에는 무엇인가 중요한 이유가 있으리라 생각하여 그 원인을 밝히기 위해 다각도로 노력하고 있어.

　여러 가지 설들 중 최근에 나온 설로 특이한 것이 '백두산 화산 폭발설'이야. 이 설은 일본 도호쿠대東北大 연구소가 주장했어. 백두산에서 지난 9세기~10세기 사이에 약 100년에 걸쳐 기원 이래 전 세계에서 가장 큰 규모의 화산 폭발이 두 차례나 있었다고 해. 그런데 9세기에 터진 화산 폭발이 발해 멸망에 지대한 영향을 끼쳤다는 거야.

　꼭 그렇다고 단정할 수는 없지만, 이런 설까지 등장하는 자체가 발해의 멸망 원인이 미스터리이기 때문이지.

백두산 천지

18

신라 말기에 새로운 사회를
꿈꾼 사람들은 누구인가?

☐ 신라는 왜 바람 앞에 촛불처럼 흔들렸나요?
☐ 신라 말기에 등장한 세력의 실체는 무엇인가요?
☐ 새롭게 유행한 사상은 무엇이었나요?

☐ 신라는 왜 바람 앞에 촛불처럼 흔들렸나요?

780년, 신라 중대가 끝나고 하대가 시작되었어. 그 발단은 혜공왕의 피살이었어. 혜공왕은 어린 나이에 왕위에 올라 귀족 세력을 통제하지 못했고, 그로 인해 귀족들 간에 다툼이 심할 수밖에 없었지. 그리고 그 과정에서 혜공왕은 살해되었고, 당시 귀족 회의 의장이었던 김양상선덕왕이 내물왕의 후손임을 자처하면서 왕위에 올랐어. 이 사건으로 신라는 중대에서 하대로 넘어가게 되었어.

그럼 하대의 신라는 어떠했을까? 왕위를 차지하기 위한 진골 내부의 권력 투쟁이 아주 심했어. 또한 중앙의 왕위 쟁탈전과 연결되어 지방에서 반란이 자주 일어났어.

9세기 전반, 웅주충남 공주 도독이었던 김헌창이 반란을 일으켰어. 그는 무열왕의 후손으로 선덕왕이 죽은 후에 화백 회의에서 아버지 김주원이 차기 왕으로 추대되었으나, 상대등 김경신원성왕의 방해로 왕이 되지

왕권

왕위는 내꺼야!

아악~

못하자 난을 일으켰어.

막강한 군사력을 가지고 청해진전남 완도을 지키던 장
보고도 중앙의 왕위 쟁탈전과 결부되어 신라 정부에
반기를 들었어. 왕권에 도전했다 실패한 진골 출신 김
우징이 장보고에게 도움을 요청했어. 두 사람은 자식들
의 결혼을 조건으로 의기투합하여 우징은 장보고의 군
사력을 동원하여 당시 왕인 민애왕을 죽이고 새 왕신무왕
이 되었어. 하지만 신무왕의 아들인 문성왕은 다수의
진골 귀족이 반대한다는 이유를 들어 장보고의 딸과
결혼하지 않았어. 이에 반발하여 장보고는 난을 일으켰
지. 결과는? 왕이 보낸 자객 염장에 의하여 장보고가
살해되며 난은 종결되었어.

신라 하대에 농민들은 어찌 살았을까?

장보고(?~846)

나라를 바르게 이끌어야 할 지배층이 서로 자기만 잘살려고 다투는
현실에서 피지배층인 농민들의 삶이 행복할 리는 만무했겠지. 흉년이
잦았고 전염병이 도는 가운데 백성들의 삶은 비참하기만 했어. 그런데
도 중앙 정부는 재정 부족을 이유로 관리들을 보내 세금 납부를 독촉
하면서 백성들을 못살게 굴었어. 이런 상황에서 농민들의 선택은 뻔했
지. 조세 납부를 거부하고, 반란을 전국 곳곳에서 일으켰어. 상주 지방
을 근거로 원종과 애노가 봉기하였고, 북원강원 원주에서는 양길이, 죽주경
기 안성 죽산에서는 기훤이, 완산주전북 전주에서는 견훤이 신라 정부에 반기
를 들었어.

□ 신라 말기에 등장한 세력의 실체는 무엇인가요?

신라 말기의 사회 혼란 속에서 변화를 적극적으로 모색한 세력이 있

었대. 누굴까? 6두품 세력과 호족?

그래 맞아. 6두품 세력은 진골 위주의 사회 체제에 반발하여 신라 말기에 사회 변혁을 적극적으로 주도했지.

그런데 6두품 세력은 왜 당시 정치 체제에 반발했을까? 앞서도 말했듯 이들 역시 중앙 귀족이었어. 그러나 신라의 신분 제도인 골품제는 관직 승진에도 영향을 끼쳐서 신분별로 오를 수 있는 관직에 한계가 있었어. 1관등인 이벌찬까지 승진할 수 있는 세력은 진골이 유일했고 진골 바로 아래 세력인 6두품은 최고로 승진해도 6관등인 아찬에 불과했어. 이런 신분 제도하에서 6두품이 사회 변혁을 꿈꾼 것은 어쩌면 당연한 일이었지.

그럼, 호족은 왜?

호족은 신라 말기에 지방에서 새롭게 성장한 세력이야. 골품제는 신라인 전부에게 적용된 것이 아니라, 수도인 경주 주민에게만 적용된 신분 제도였어. 그래서 경주가 아닌 지방에서 세력을 키운 호족들은 스스로를 성주나 장군으로 칭했지. 이들은 중앙 정부에 버금갈 정도의 독자 세력을 형성하고 선종 계통의 승려나 6두품 지식인과 서로 힘을 합쳐 새로운 사회를 만들어 갔어. 후백제를 세운 견훤, 후고구려를 세운 궁예, 궁예의 부하로 활약하다가 쿠데타를 성공시켜 고려를 만든 왕건 등이 신라 말기의 사회 변동 속에서 크게 활약했던 호족이었지.

□ 새롭게 유행한 사상은 무엇이었나요?

신라 말기에는 급격한 사회 변화 속에 새로운 사상도 유행했어. 통일 신라의 전성기인 중대에 교종 불교가 유행한 것에 반하여, 신라 말기에는 선종이 각광을 받았어.

교종은 불교 경전의 해석을 통한 대중 교화를 중시하던 종파로 5개파로 나뉘어 발전했는데, 이를 교종 5교라고 해. 사상적으로 중앙 집권 강화에 도움을 주었기에 왕실과 귀족들의 후원을 받으며 발전했어.

반면에 선종은 참선 수행을 통한 개인의 해탈을 강조한 종파로 제자의 깨우침을 스승이 인가해 주었어. 따라서 깨우침을 승인해 준 스승을 부처님 모시듯 중시했고, 돌아가신 스승의 업적을 후세에 전하고 종파를 이어 가기 위해 노력했어.

선종은 신라 중대에 중국에서 소개되어, 신라 말기에 6두품 세력과 지방 호족들의 적극적인 후원을 받으며 크게 발전하였어.

그런데 호족들은 왜 선종을 적극적으로 후원하였을까? 그것은 선종이 전통적인 권위를 부정하고 개인의 해탈을 강조하여 지방에서 독자적으로 지지 기반을 넓혀 가던 호족의 개인주의 성향과 맞아 떨어졌기 때문이야. 또 선종은 교종 세력이 중시했던 경전 공부에 연연하지 않았어. 따라서 지방에서 성장하여 중앙의 귀족들보다 문자에 약할 수밖에 없었던 무인 기질을 지닌 호족들에게 호감을 주기에 충분했어.

신라 말기에 선종은 9개 종파로 발전하였는데, 이를 선종 9산이라고 해.

한편 신라 말기에는 풍수지리설도 널리 보급되었어. 이 사상은 산천의 형세에 따라 길흉화복이 정해진다는 설로 승려 도선에 의해 널리 퍼졌어. 이 설 또한 신라 말기에 반 신라적 성향을 지닌 6두품과 호족 세력의 입지를 강화시켜 주었는데, 경주는 이미 땅의 기운이 쇠퇴하여 다른 곳으로 수도를 이전해야 한다는 국토 재편성설을 주장하여 경주를 기반으로 하고 있던 신라 정부의 권위에 타격을 줌과 동시에 지방에서 새롭게 대두되고 있던 호족 세력의 힘을 강화시키는 데 도움을 주었지.

해상왕 장보고는 우리 민족 최초의 세계인?

흔히들 장보고를 '해상왕'이라고 하지. '무엇을 어떻게 했기에 해상왕이라 했을까?' 라고 의문을 품을 수도 있지만, 진정으로 장보고는 바다의 왕이었어.

장보고의 어릴 적 이름은 궁복이었어. 그는 친구 정년과 함께 당에 건너가 당나라 군인으로 출세했어. 그러나 황해 바다에서 왜적들이 활개를 치며 신라 사람들을 잡아다가 당나라에 노예로 파는 것을 보고 이들을 소탕하기 위하여 귀국했어. 그는 왕에게 건의하여 완도에 군사 기지인 청해진을 설치하고 한반도 주변의 바다에서 왜적이 출몰하는 것을 막고자 했어. 또 한국과 중국, 일본 사이에서 해상 무역을 통해 막대한 부를 축적했지. 그러나 그는 애석하게도 중앙의 왕위 쟁탈전에 결부되어 왕이 보낸 자객 염장에 의해 살해되었어. 그 후 청해진은 폐쇄되고 말았지.

그의 명성은 그 당시에도 널리 알려졌어. 당나라의 최고 시인 두보는 인의와 덕을 지닌 의인으로 장보고를 평가했어. 장보고 선단의 도움으로 당나라에 유학을 다녀왔던 일본의 승려 엔닌은 『입당구법순례행기』라는 책에 장보고의 높은 인덕을 흠모하는 글을 썼어. 미국의 대학자인 라이샤워도 장보고를 '상업 제국을 건설한 위대한 무역왕'으로 높이 평가했어. 한편 일본에서는 지금도 장보고를 '재물의 신'으로 모시고 있어.

이처럼 장보고는 당대는 물론 지금까지 많은 사람들에 의해 그 업적을 인정받고 있지.

전남 완도에 있는 청해진 유적지

한눈에 정리

지방 호족 세력의 성장

8세기 후반 무열왕계가 몰락하고 내물왕의 먼 후손들이 왕위를 계승하면서 왕권이 약화되었으며

왕권

거듭된 왕위 쟁탈전과 귀족들의 반란으로

지방 호족 세력이 성장하게 되었다.

한편, 진골 귀족들이 골품제에 집착하자

이 좋은 걸 왜 뺏겨~

6두품 세력이 골품제의 모순을 지적하면서 새 질서 수립을 시도하였으며

사치, 향락을 일삼는 진골은 물러가라!

6두품

농민

우리도

사상적으로는 교종의 권위가 상실되고 선종이 등장하였다.

개인 해탈을 강조하고 어려운 교리 공부가 없어 호족들의 적극적인 후원을 받았죠.

이 모든 혼란 속에 견훤, 궁예가 독자적인 정권을 수립해 나갔다.

후백제를 세우리라!

견훤

궁예

후고구려를 향하여

한국사 연표

기원전	**46억 년 전**	지구가 탄생하다.
	390만 년 전	인간이 지구상에 등장하다.
	70만 년 전	한반도에 인간이 출현하다. 구석기 시대가 시작되다.
	1만 년 전	신석기 시대로 들어서다.
	2333	단군, 조선을 세우다.
	2000~1500	한반도에 청동기 시대가 시작되다.
	5세기	철기가 보급되기 시작하다.
	194	위만이 고조선의 왕이 되다.
	109	중국의 한나라가 고조선 땅을 침범해 오다.
	108	고조선, 한나라에 의해 멸망하다.
기원후	**2세기 전반**	고구려, 태조왕 때 중앙 집권 국가로 발전하다.
	3세기 중엽	백제, 고이왕 때 중앙 집권 국가로 성장하다.
	4세기 후반	백제, 근초고왕 때 중국의 랴오시, 산둥 지방과 일본에 세력권을 형성하다.
		신라, 내물 마립간에 의해 중앙 집권 국가로 변신하다.
		가야, 신라와 맞설 정도로 성장하다.
	5세기	고구려, 광개토 대왕과 장수왕 시대에 전성기를 구가하다.
	433	신라, 고구려의 남하에 대비하기 위하여 백제와 동맹을 체결하다. (나·제 동맹)
500 ~ 600	**6세기**	신라, 지증왕, 법흥왕, 진흥왕을 거치며 전성기를 구가하다.
	532	법흥왕에 의해 금관가야가 멸망하다.
	562	진흥왕에 의해 대가야마저 멸망하다.
	598	고구려, 침입해 온 수 문제의 30만 대군을 물리치다.
	612	고구려의 을지문덕이 살수에서 수의 대군을 섬멸하다.
	645	고구려, 당의 침입을 안시성에서 효과적으로 막다.
	660	백제, 나·당 연합군에 의해 멸망하다.
	668	고구려, 나·당 연합군에 의해 멸망하다.
	676	신라, 당과의 전쟁에서 승리하여 삼국 통일을 이루다.
	685	신라, 전국을 9주 5소경으로 편성하다.
	698	고구려 사람 대조영이 발해를 세우다.

	732	발해 장군 장문휴가 당나라의 산둥 지역을 공격하다.
	751	불국사와 석굴암을 짓다.
	780	신라, 중대가 끝나고 하대가 시작되다.
	788	신라, 독서삼품과를 설치하다.
	9세기	발해, 중국에서 '해동성국'이라 불릴 정도로 발전하다.
	828	장보고, 청해진을 설치하다.
700 ~ 900	926	거란에 의해 발해가 멸망하다.
	900	견훤이 후백제를 세우다.
	901	궁예가 후고구려(태봉)을 세우다.
	918	왕건이 궁예를 쫓아내고 호족들의 지지 속에 고려를 세우다.
	935	신라가 고려에 병합되다.
	936	고려가 후백제를 멸망시키고 한반도 유일의 통일 국가가 되다.
	949	광종이 즉위하여 왕권 강화를 시도하다.
	981	성종이 즉위하여 나라의 기틀을 확립하다.
	993	거란이 고려로 쳐들어왔으나, 서희의 외교술로 강동 6주를 얻다.
	1019	거란이 세 번째로 쳐들어왔으나, 강감찬 장군이 박살내다.(귀주대첩)
	1107	윤관이 별무반을 만들어 여진족을 토벌, 동북 9성을 쌓다.
	1126	문벌 귀족 이자겸이 왕이 되고자 난을 일으켰으나 실패하다.
	1135	묘청이 서경 천도 운동을 일으켰으나 실패하다.
1000 ~ 1200	1176	신분 해방을 목표로 공주 명학소에서 망이·망소이가 난을 일으키다.
	1196	최충헌이 정권을 잡아 이후 60여 년간 최씨가 계속 집권하다.
	1198	개경에서 만적이 난을 일으키다.
	1231	몽골의 침입으로 이후 40년간 전쟁을 치르다.
	1270	무신 정권이 붕괴되며, 몽골에 항복하다. 이후 80년간 원나라의 속국으로 살아가다.
	1351	공민왕이 즉위하여 반원 자주 개혁 정치를 추진하다.
	1388	이성계가 위화도에서 군사를 되돌리다.
	1392	고려가 멸망하다. 이성계가 왕이 되어 새 나라 조선을 만들다.
1300 ~ 1400	1398	제1차 왕자의 난이 일어나다. 태조가 아들 방과(정종)에게 왕위를 물려주다.
	1400	제2차 왕자의 난이 일어나다. 정종이 동생 방원(태종)에게 왕위를 물려주다.
	1446	세종, 훈민정음을 반포하다.
	1455	수양대군(세조)이 왕이 되어 왕권을 강화하다.
	1469	성종이 즉위하여 국가의 기틀을 확립하다.

	1498	무오사화가 일어나다.
	1504	갑자사화가 일어나다.
	1506	연산군이 쫓겨나고 중종이 왕이 되다.(중종반정)
	1519	기묘사화가 일어나다.
	1545	을사사화가 일어나다.
1500	1589	붕당 정치가 시작되다.
	1592	왜군이 조선을 쳐들어오다.(임진왜란)
	1593	수세에 몰린 일본이 명에 휴전을 제의하다.
	1597	왜군과 다시 전쟁을 시작하다.(정유재란)
	1598	왜군의 철수로 왜란이 끝나다.
	1610	허준, 『동의보감』을 완성하다.
	1623	인조반정이 일어나 광해군이 쫓겨나다.
1600	1627	정묘호란이 일어나다.
	1636	병자호란이 일어나다.
	1654	나선(러시아)을 정벌하다.
	1708	전국적으로 대동법이 시행되다.
	1725	영조, 탕평책을 실시하다.
1700	1750	균역법을 실시하다.
	1776	정조, 규장각을 설치하다.
	1784	이승훈, 천주교를 전파하다.
	1801	천주교에 대한 대대적인 탄압이 이루어지다.(신유박해)
	1805	안동 김씨의 세도 정치가 시작되다.(~1863)
	1811	홍경래 등이 이끄는 평안도 농민 전쟁이 일어나다.(~1812)
	1860	최제우, 동학을 창시하다.
	1861	김정호, 대동여지도를 만들다.
	1862	임술 농민 봉기가 일어나다.
1800	1863	흥선 대원군이 집권을 시작하다.
	1866	제너럴 셔먼호 사건이 발생하다. 병인양요가 발발하다.
	1868	오페르트의 도굴 사건이 일어나다.
	1871	신미양요가 발발하다. 척화비를 건립하다.
	1873	흥선 대원군이 하야하다.
	1875	운요호 사건이 일어나다.

1800	1876	일본과 강화도 조약을 체결하다. 1차 수신사 파견이 이루어지다.
	1880	2차 수신사 파견이 이루어지다. 통리기무아문과 12사가 설치되다.
	1881	조사 시찰단을 파견하다. 별기군 창설하다. 영선사를 파견하다.
	1882	조·미 수호 통상 조약을 체결하다. 임오군란이 일어나다. 제물포 조약을 체결하다.
	1883	기기창, 박문국, 전환국을 설립하다.
	1884	갑신정변이 일어나다.
	1885	한성 조약을 체결하다. 영국, 거문도를 불법 점령하다.
	1889	함경도에 방곡령을 선포하다.
	1894	동학 농민 운동이 일어나다. 갑오 개혁을 시행하다.
	1895	을미사변이 일어나고 을미개혁이 실시되다. 을미의병이 일어나다.
	1896	아관 파천이 일어나다. 독립 협회가 창설되다.
	1897	대한 제국을 세우다. 광무개혁을 추진하다.
	1898	만민 공동회를 개최하다. 독립 협회가 해체되다.
1900	1904	제1차 한일 협약이 체결되다. 보안회와 헌정연구회가 설립되다.
	1905	을사조약이 강제 체결되다. 을사의병이 일어나고, 대한 자강회가 설립되다.
	1907	헤이그 특사를 파견하다. 고종 황제가 강제 퇴위되고, 한일 신협약(정미 7조약)이 체결되다. 군대가 해산되고 정미 의병이 일어나다. 대한협회, 신민회가 설립되고 국채 보상 운동이 시작되다.
	1909	남한 대토벌 작전이 전개되다. 안중근이 이토 히로부미를 사살하다.
	1910	한·일 병합 강제 체결로 국권이 피탈되다.
	1910	일제 강점기가 시작되다.
	1914	대한 광복군 정부가 수립되다.
	1919	3·1 운동이 일어나다. 대한민국 임시정부가 수립되다.
	1920	봉오동 전투와 청산리 대첩이 일어나다.
	1923	암태도 소작 쟁의가 일어나다. 조선 물산 장려회가 조직되다.
	1926	6·10 만세 운동이 일어나다.
	1927	신간회가 조직되다.
	1929	광주 학생 항일 운동이 일어나다. 원산 총파업이 일어나다.
	1931	만주 사변이 일어나다.
	1932	이봉창·윤봉길 의사가 의거를 일으키다.
	1940	한국 광복군이 결성되다.
	1942	조선어 학회 사건이 일어나다.

1900	1945	8·15 광복을 맞이하다.
	1946	미·소 공동 위원회를 개최하다.
	1947	유엔 한국 임시 위원단을 구성하다.
	1948	5·10 총선거가 실시되다. 남한, 대한민국 정부를 수립하다.
	1950	6·25 전쟁이 발발하다.
	1953	휴전 협정을 조인하다.
	1960	4·19 혁명이 일어나다. 장면 내각이 성립되다.
	1961	5·16 군사 정변이 일어나다.
	1963	박정희 정부가 수립되다.(~1979)
	1965	한·일 협정이 체결되다.
	1972	7·4 남북 공동 성명을 발표하다. 남북 적십자 회담이 이루어지다.
		10월 유신이 일어나다.
	1973	6·23 평화 통일 선언을 발표하다.
	1979	10·26 사태가 일어나다.
	1980	5·18 민주화 운동이 일어나다.
	1981	전두환 정부가 수립되다.
	1987	6월 민주 항쟁이 일어나다. 6·29 민주화 선언을 발표하다.
	1988	노태우 정부가 수립되다.
	1993	김영삼 정부가 수립되다.
	1997	IMF 사태가 일어나다.
	1998	김대중 정부가 수립되다.
2000	2000	제1차 남북 정상 회담을 가지고 6·15 남북 공동 선언을 발표하다.
	2003	노무현 정부가 수립되다.
	2007	노무현 대통령이 평양을 방문해 제2차 남북 정상 회담을 가지다.
	2008	이명박 정부가 수립되다.
	2012	박근혜 정부가 수립되다.
	2017	박근혜 대통령이 탄핵되다. 문재인 정부가 출범하다.

사진 출처

국립경주박물관	77(황남대총 관모·금제 허리띠·금제 그릇·금팔찌), 98(경주 집모양 토기), 132쪽(성덕대왕신종)
국립광주박물관	41(영산강 독무덤), 42(세형동검, 청동거울)
국립김해박물관	40(투겁창), 46(가야의 창고 모양 토기), 49(덩이쇠), 80(가야의 덩이쇠·철제 농기구, 철제 무기), 82(가야 토기)
국립문화재연구소	69(미륵사지 사리 항아리)
국립부여박물관	112(금동 대향로)
국립중앙박물관	17(주먹도끼, 찍개), 19(빗살무늬 토기, 그물추), 21(갈돌과 갈판, 뼈바늘), 22(조개껍데기 가면, 발찌), 25(농경문 청동기, 민무늬토기), 26(반달돌칼, 홈자귀, 돌낫), 28(거친무늬거울, 청동방울, 간두령, 쌍두령, 팔주령), 39(철제 농기구), 40(가야의 철제 농기구, 가야의 철제 무기), 41(다호리 널무덤), 76(진흥왕 순수비), 77(금관총 금관, 부부총 금귀걸이), 82(가야의 집모양 토기·뿔잔 토기·기마 인물형 토기), 110(금동미륵보살반가사유상), 111(금동연가7년명여래입상), 113(호우명 그릇), 144(이불병좌상)
국립청주박물관	21(가락바퀴)
국학원	61(연개소문)
동북아역사재단	106(덕흥리 고분 벽화), 114(아프라시압 궁전 벽화)
문화재청	17(슴베찌르개), 19(오산리 낚싯바늘), 30(전남 화순 고인돌), 64(몽촌토성 목책), 71(낙화암), 103(공주 송산리 고분, 부여 능산리 고분 벽화), 105(대성동 고분군) 106(첨성대), 109(정림사지 오층석탑, 미륵사지 석탑, 분황사 모전석탑), 110(배동 석조여래삼존상, 서산 마애여래삼존상), 112(천마도), 117(황룡사지 복원도), 130(불국사 삼층석탑, 무구정광대다라니경), 132(상원사동종, 화순 쌍봉사 철감선사탑비), 135(불국사 다보탑)
민족화해협력범국민협의회	86(평양성 안학궁 복원도)
부산광역시립박물관	22(조개팔찌)
북앤포토	33(단군 영정), 40(화살촉), 46(오녀산성), 55(국내성 현재 모습), 62(광개토대왕릉비), 66(칠지도), 69(미륵사지 터), 75(이차돈 순교비), 79(가야 무사 복원 모형), 80(가야의 철제 투구와 갑옷·철제 무기), 82(가야 토기 그릇받침), 91(연개소문 유적비), 97(무용총 무용도), 126(김유신, 김춘추), 129(왕오천축국전), 137(발해 온돌 유적), 140(중대성 외교 문서), 144(상경성 석등, 정효공주묘 돌사자), 147(장보고)
연합뉴스	137쪽(발해의 막새기와)
인천관광공사	30(강화도 부근리 고인돌)
위키피디아	10(우주에서 본 지구 사진), 11(에티오피아에서 발굴된 루시 화석, 지구 사진), 59(충주 고구려비), 100(장군총), 102(안악3호분 벽화), 121(문무왕릉), 124(최치원), 129(의상), 145(백두산 천지)
완도군청	150(청해진 유적지)
전쟁기념관	87(살수대첩 기록화)

* 이 책에 사용한 사진은 박물관과 저작권자의 허가를 받아 게재한 것입니다. 저자 및 출판사가 저작권을 가지고 있는 사진은 출처 표시를 하지 않았습니다. 허가를 받지 못한 일부 사진에 대해서는 저작권자가 확인되는 대로 게재 허가를 받고 사용료를 지불하겠습니다.

찾아보기